人工智能与大数据系列

智能搜索

大数据搜索引擎原理及算法解析

沙芸 编著

清華大学出版社
北京

内容简介

本书介绍大数据分布式搜索引擎开发原理与技术实现，主要内容包括多种语言的文本处理、分布式算法与代码实现、Elasticsearch 的使用与原理等，通过一个医药领域垂直搜索引擎和电商搜索来说明如何开发实际的大数据智能搜索引擎。全书共分 6 章，第 1 章着重介绍开发智能搜索引擎可以采用的软硬件环境；第 2～5 章着重讨论构建分布式智能搜索引擎可能需要的多种语言文本处理方法，例如 Kaldi 语音识别实现和基于 Raft 共识协议的分布式计算平台实现；第 6 章介绍医药和电商搜索两个应用案例。

本书适合作为高等院校计算机、软件工程专业本科生、研究生的参考用书，对于对人工智能领域感兴趣的人士也有一定的参考价值。

图书在版编目（CIP）数据

智能搜索：大数据搜索引擎原理及算法解析/沙芸编著. —北京：清华大学出版社，2019
（人工智能与大数据系列）
ISBN 978-7-302-53550-8

Ⅰ. ①智…　Ⅱ. ①沙…　Ⅲ. ①搜索引擎—程序设计　Ⅳ. ①TP391.3

中国版本图书馆 CIP 数据核字（2019）第 180067 号

责任编辑： 张　敏
封面设计： 常雪影
责任校对： 胡伟民
责任印制： 杨　艳

出版发行： 清华大学出版社
网　　址： http：//www.tup.com.cn, http：//www.wqbook.com
地　　址： 北京清华大学学研大厦 A 座　　**邮　　编：** 100084
社 总 机： 010-62770175　　**邮　　购：** 010-62786544
投稿与读者服务： 010-62776969, c-service@tup.tsinghua.edu.cn
质量反馈： 010-62772015, zhiliang@tup.tsinghua.edu.cn
印 装 者： 北京嘉实印刷有限公司
经　　销： 全国新华书店
开　　本： 186mm×240mm　　**印　　张：** 13　　**字　　数：** 320 千字
版　　次： 2019 年 11 月第 1 版　　**印　　次：** 2019 年 11 月第 1 次印刷
定　　价： 69.80 元

产品编号： 081028-01

前言

PREFACE

智慧生物与机器集群构建的搜索系统已进化成为强大的智能系统。搜索引擎服务早已成为人们生活中不可或缺的一部分。

搜索引擎技术有着悠久的发展历史。1990 年以来，搜索引擎经历了从 Archie 那样的 FTP 文件搜索服务到谷歌网页搜索服务的转变。强化学习、深度学习等技术的发展为搜索引擎技术持续不断地注入新的活力。

本书共分 6 章：第 1 章介绍开发智能搜索引擎可以采用的软件和硬件基础；第 2 章介绍搜索引擎理解文本语义的一些方法；第 3 章介绍通过开发语音识别技术来索引音频信息的一种方法；第 4 章介绍使用 Elasticsearch 实现的大数据分布式搜索引擎；第 5 章介绍分布式计算平台中的共识算法和远程过程调用（RPC）框架；第 6 章介绍医药垂直搜索引擎和电商搜索的案例分析。

本书相关的参考软件和代码在读者 QQ 群（661922108）的附件中可以找到。一些具体的细节也可以在读者 QQ 群讨论。感谢早期合著者、合作伙伴、员工、学员、读者的支持。他们的支持给我们提供了良好的工作基础，就像玻璃容器中的水培植物一样，这是一个持久可用的成长基础。技术的融合与创新无止境，欢迎一起探索。

本书适合需要具体实现搜索引擎的程序员使用，对于信息检索等相关领域的研究人员也有一定的参考价值，同时猎兔搜索技术团队已经开发出以本书为基础的专门培训课程和商业软件。

参与本书编写的还有罗刚、张子宪、石天盈、张继红、刘晓波、叶虎、罗庭亮、柳若边，在此一并表示感谢。

作者

CONTENTS

目录

第 1 章 智能搜索引擎开发

本章首先介绍人工智能的基本知识，然后以商品搜索为例介绍智能搜索引擎。

1.1 人工智能与智能搜索引擎

在计算机科学中，人工智能（artificial intelligence，AI），有时也称为机器智能，是机器展示的智能，与人类和其他动物展示的自然智能形成鲜明对比。计算机科学将人工智能研究定义为对“智能代理”的研究：任何能够感知其环境并采取最大化其成功实现目标的机会的设备。更详细的是，Kaplan 和 Haenlein 将人工智能定义为“系统正确解释外部数据，从这些数据中学习，并通过灵活适应实现特定目标和任务的能力”。通俗地说，当机器模仿人类与其他人类思维相关的“认知”功能时，应用“人工智能”这一术语，如“学习”和“解决问题”。

Kaplan 和 Haenlein 将人工智能分为三种不同类型的人工智能系统：分析人工智能、人类启发人工智能和人性化人工智能。分析人工智能只具有与认知智能相一致的特征，从而产生世界的认知表征，并使用基于过去经验的学习来为未来的决策提供信息。除了认知元素之外，人类启发人工智能还具有认知和情感智能，理解并在决策中考虑人类情感。人性化人工智能显示了所有类型能力（即认知、情感和社交智能）的特征，能够在与他人的交互中体现自我意识。

人工智能研究的传统问题（或目标）包括推理、知识表示、计划、学习、自然语言处理、感知，以及移动和操纵物体的能力。通用智能属于该领域的长期目标。其方法包括统计方法、计算智能和传统的符号人工智能。人工智能中使用了许多工具，包括搜索和数学优化的版本、人工神经网络，以及基于统计学、概率论和经济学的方法。人工智能领域涉及计算机科学、信息工程、数学、心理学、语言学、哲学等。

人工智能领域的基础是人类智能“可以如此精确地描述，可以使机器模拟它”。这提出了关于心灵本质的哲学论证以及创造具有人类智慧的人造生物的伦理。这些问题是自古以来神话、小说和哲学所探讨的问题。有些人认为，如果人工智能进展有增无减，就会对人类构成威胁；也有些人认为，与以往的技术革命不同，人工智能会造成大规模失业的风险。

21 世纪，人工智能技术在计算机能力、大量数据和理论理解的同步发展之后经历了复苏；人工智能技术已经成为技术行业的重要组成部分，有助于解决计算机科学、软件工程和运筹学中的许多挑战性问题。

强化学习（reinforcement learning）这一领域研究人工（和自然）系统如何学习在复杂环境中基于外部和可能延迟的反馈作出决策。强化学习是人工智能的一个重要分支，它也是 DeepMind 公司的围棋软件阿尔法狗这样的智能系统的重要组成部分。

如果把搜索引擎看作智能体（agent），把用户看作环境（environment），则商品的搜索问题可以被视为典型的顺序决策问题（sequential decision making problem）：

（1）用户每次请求访问页面时，智能体作出相应的排序决策，将商品展示给用户。

（2）用户根据智能体的排序结果，给出点击、翻页等反馈信号。

（3）智能体接收反馈信号，在新的页面访问请求时作出新的排序决策。

（4）这样的过程将一直持续下去，直到用户购买商品或者退出搜索。

在以上问题的形式化中，智能体每一次策略的选择可以被看作一次试错。在这种反复不断试错的过程中，智能体将逐步学习到最优的排序策略。而这种在与环境交互的过程中进行试错的学习，正是强化学习的根本思想。

1.2 Linux 操作系统基础

很多大数据搜索引擎运行在 Linux 操作系统中。Linux 来源于 UNIX，Linux 是 UNIX 操作系统的开放源代码实现。

1.2.1 SSH 远程登录

通过 SSH 客户端软件可以连接到远程的 Linux 服务器。SSH 服务器通常作为大多数 Linux 发行版上易于安装的软件包提供。用户可以尝试使用 ssh localhost 来测试它是否正在运行。

如果有现成的 Linux 服务器可用，可以使用支持 SSH 协议的终端仿真程序 SecureCRT 连接到远程 Linux 服务器。因为可以保存登录密码，所以比较方便。除了 SecureCRT，还可以使用开源软件 PuTTY(http://www.chiark.greenend.org.uk/~sgtatham/putty)，或者使用可以保存登录密码的 KiTTY(https://www.fosshub.com/KiTTY.html)。如果是用 root 账户登录，则终端提示符是#，否则终端提示符是$。

也可以在 Windows 操作系统下安装 Cygwin，使用它来练习 Linux 常用命令。

使用 VMware，Linux 可以运行在 Windows 系统下。VMware 让 Linux 运行在虚拟机中，而且不会破坏原来的 Windows 操作系统。首先要准备好 VMware，当然仍然需要 Linux 光盘文件。

就好像华山派有剑宗和气宗，Linux 也有很多种版本，例如 RedHat 或者 Ubuntu，以及 SUSE 等。这里介绍 Ubuntu(https://www.ubuntu.com)和 CentOS(http://www.centos.org/)。

操作系统中可能会安装好几个版本的 JDK，在 Linux 中，为了切换 JDK 版本，只需要修改/etc/alternatives 中的符号链接指向。

在 Ubuntu 中，如果需要安装软件，可以下载 DEB 格式的安装包，然后使用 dpkg 命令安装。但一个软件包可能依赖其他软件包。为了安装一个软件可能需要下载其他几个它所依赖的软件包。

为了简化安装操作，可以使用高级包装工具（Advanced Packaging Tool，APT）。APT 会自动计算出程序之间的相互关联性，并且计算出完成软件包的安装需要哪些步骤。这样在安装软件时，不会再被那些关联性问题所困扰。

在/etc/apt/sources.list 文件中指示了包的来源的存储库。包的来源可以是 CD 或 DVD，硬盘上的目录或 HTTP 或 FTP 服务器上的目录。请求的数据包位于服务器（或本地硬盘）上，它将自动下载并安装。APT 主要关注采购包，包的可用版本的比较以及包档案的管理。实际上，可以通过浏览器浏览在 FTP 或 HTTP 上的存储库。

如果需要修改/etc/apt/sources.list 文件，可以先备份这个文件：

```
# sudo cp /etc/apt/sources.list /etc/apt/sources.list.bak
```

如果这一步出现：

```
sudo: unable to resolve host t-000004
```

这样的错误，则可以考虑执行如下的命令修改/etc/hosts 文件的内容：

```
# echo $(hostname -I | cut -d\  -f1) $(hostname) | sudo tee -a /etc/hosts
```

如果安装过程中出现“E: Could not get lock /var/lib/dpkg/lock”这样的错误，则可以尝试使用如下命令修复：

```
# sudo fuser -cuk /var/lib/dpkg/lock
# sudo rm -f /var/lib/dpkg/lock
```

在 CentOS 中，如果需要安装软件，可以下载 RPM 安装包，然后使用 RPM 安装包进行安装。例如，下载 Elasticsearch 软件的安装包 elasticsearch-6.6.0.rpm：

```
# wget https://artifacts.elastic.co/downloads/elasticsearch/elasticsearch-6.6.0.rpm
```

使用如下命令安装：

```
# rpm -ivh elasticsearch-6.6.0.rpm
```

但有些操作系统对应的 RPM 安装包找起来往往比较麻烦。

为了简化安装操作，可以使用黄狗升级管理器（Yellow dog Updater,Modified），一般简称 YUM。YUM 会自动计算出程序之间的相互关联性，并且计算出完成软件包的安装需要哪些步骤。

YUM 软件包管理器自动从网络下载并安装软件。YUM 有点类似 360 软件管家，但是不会有商业倾向的推销软件。例如安装支持 wget 命令的软件：

```
#yum install wget
```

1.2.2 Micro 文本编辑器

为了方便在服务器端开发 Python/Perl 相关应用，可以采用 Micro(https://github.com/zyedidia/micro)这样的终端文本编辑器。

在 Linux 上，可以通过 snap 安装 micro：

```
# snap install micro --classic
```

可以使用它编辑配置文件：

```
#./micro  run.pl
```

输入：

```
die "run.pl: Hello Error";
```

这里的 die 表示终止脚本运行，并显示出 die 后面的双引号里面的内容。

保存文件后，使用 Ctrl+q 组合键退出。

1.2.3 Linux Shell 脚本基础

Shell 是用户和 Linux 内核之间的接口程序。用户在命令行提示符下输入的每个命令都由 Shell 先解释再传给 Linux 内核。

Shell 是一个命令语言解释器，拥有自己内建的 Shell 命令集。此外，Shell 也能被系统中其他有效的 Linux 实用程序和应用程序所调用。

Shell 具有如下主要功能。

- 命令解释功能：将用户可读的命令转换成计算机可理解的命令，并控制命令执行。
- 输入输出重定向：操作系统将键盘作为标准输入、显示器作为标准输出。当这些定向不能满足用户需求时，用户可以在命令中用符号“>”或“<”重新定向。
- 管道处理：利用管道将一个命令的输出送入另一个命令，实现多个命令组合完成复杂命令的功能。
- 系统环境设置：用 Shell 命令设置环境变量，维护用户的工作环境。
- 程序设计语言：Shell 命令本身可以作为程序设计语言，将多个 Shell 命令组合起来，编写能实现系统或用户所需功能的程序。

有很多种 Shell，例如 zshell 和 fish。目前一般使用 Bash 脚本。

1.2.4 Shell 脚本

在屏幕上输出“Hello”：

```
echo "Hello"
```

将 ABC 分配给 a：

```
a=ABC
```

输出 a 的值：

```
echo $a
```

将 ABC.log 分配给 b：

```
b=$a.log
```

输出 b 的值：

```
# echo $b
ABC.log
```

把文件“ABC.log”的内容写入到 testfile

```
cat $b > testfile
```

指令“--help”会输出帮助信息。

可以把重复执行的 Shell 脚本写入到一个文本文件。在 Linux 中，文件扩展名不作为系统识别文件类型的依据，但是可以作为用户识别文件的依据，可以简单地将脚本文件以.sh 作为扩展名。

在 Linux 下，可以通过 vi 命令创建一个诸如 script.sh 的文件：vi script.sh。创建好脚本文件后就可以在文件内用脚本语言要求的格式编写脚本程序了。

在创建的脚本文件中输入以下代码并保存退出：

```
#! /bin/bash
echo "hello world!"
```

添加脚本文件的可执行运行权限 chmod 777 script.sh 后，运行文件./script.sh 得到结果：

```
hello world!
```

Shell 脚本中用#表示注释，相当于 C 语言的//注释。但如果#位于第一行开头，并且是#!（称为 Shebang）则例外，它表示该脚本使用后面指定的解释器/bin/sh 解释执行。每个脚本程序必须在开头包含这个语句。

使用参数 n 检查语法错误，例如：

```
# bash -n ./test.sh
```

如果 Shell 脚本有语法错误，则会提示错误所在行；否则，不输出任何信息。

if 语句的语法是：

```
if [ condition ] then
      command1
elif   # 和 else if 等价
    then
          command2
    else
       default-command
fi
```

这里的 fi 就是 if 反过来写。

例如，为了判断某个命令是否存在，可以使用如下格式：

```
if which programname >/dev/null; then
    echo exists
else
    echo does not exist
fi
```

判断 yum 是否存在的例子：

```
if which yum >/dev/null; then
    echo "exists"
else
    echo "does not exist"
fi
```

case 语句的语法是：

```
case 字符串 in
    模式 1)
        语句
        ;;
    模式 2)
         语句
```

```
        ;;
    *)
        默认执行的 语句
        ;;
esac
```

这里的 esac 就是 case 反过来写。例如：

```
extension="png"
case "$extension" in
  "jpg"|"jpeg")
    echo "It's image with jpeg extension."
  ;;
  "png")
    echo "It's image with png extension."
  ;;
  "gif")
    echo "Oh, it's a giphy!"
  ;;
  *)
    echo "Woops! It's not image!"
  ;;
esac
```

这里使用“|”把"jpg"和"jpeg"这两个模式连接到了一起。

介绍 4 种模式匹配：

- ${variable#pattern}

从$string 的前面删除$substring 的最短匹配

- ${variable##pattern}

从$string 的前面删除$substring 的最长匹配

- ${variable%pattern}

从$string 的后面删除$substring 的最短匹配

- ${variable%%pattern}

从$string 的后面删除$substring 的最长匹配

使用模式匹配的例子：

```
x=/home/cam/book/long.file.name
echo ${x#/*/}
echo ${x##/*/}
echo ${x%.*}
echo ${x%%.*}
   cam/book/long.file.name
   long.file.name
   /home/cam/book/long.file
   /home/cam/book/long
```

安装 fish Shell：

```
# sudo apt-get install fish
```

1.2.5 AWK

典型的 AWK 程序充当过滤器。它从标准输入读取数据，并输出标准输出的过滤数据。它一次读取数据的一个记录。默认情况下，一次读取一行文本。每次读取记录时，AWK 自动将记录分隔到字段中。字段在默认情况下也是由空格分隔的。每个字段被分配给一个变量，该变量有一个数字名称。变量$ 1 是第一个字段，$ 2 是第二个字段，以此类推。$ 0 表示整个记录。此外，还设置了一个名为 NF 的变量，其中包含在记录中检测到的字段的数目。

来试试一个很简单的例子。过滤 ls 命令的输出：

```
# ls -l ./ | awk '{print $0}'
```

显示文本文件 nohup.out 匹配（含有）字符串"sun"的所有行。

```
# awk '/sun/{print}' nohup.out
```

由于显示整个记录（全行）是 awk 的默认动作，因此可以省略 action 项。

例如，得到 Python 的版本号：

```
# python 2>&1 --version | awk '{print $2}'
2.7.5
```

这里 2>&1 的意思是：把标准错误重定向到标准输出。

1.3 Java 基础

在 Ubuntu 下安装 JDK 可以参考：

https://github.com/AdamScheller/UbuntuJavaInstaller/blob/master/ujavainstaller.sh

首先从 https://www.oracle.com/technetwork/java/javase/downloads/

jdk11-downloads-5066655.html 下载 jdk-11.0.2_linux-x64_bin.tar.gz：

然后设置环境变量：

```
#JDK_VERSION=jdk-11.0.2
#mkdir -p /usr/local/java
#JDK_ARCHIVE=jdk-11.0.2_linux-x64_bin.tar.gz
#JDK_LOCATION=/usr/local/java/$JDK_VERSION
#tar -xf $JDK_ARCHIVE -C /usr/local/java
#cat >> /etc/profile <<EOF
JAVA_HOME=$JDK_LOCATION
JRE_HOME=$JDK_LOCATION/jre
PATH=$PATH:$JDK_LOCATION/bin:$JDK_LOCATION/jre/bin
```

```
export JAVA_HOME
export JRE_HOME
export PATH
EOF
```

增加 Java 需要的软链接：

```
#update-alternatives --install "/usr/bin/java" "java" "$JDK_LOCATION/bin/java" 1 >> /dev/null
#update-alternatives --install "/usr/bin/javac" "javac" "$JDK_LOCATION/bin/javac" 1 >> /dev/null
```

检查 Java 是否正确安装：

```
#java
#javac
```

或者使用源安装：

```
#sudo add-apt-repository ppa:linuxuprising/java
#sudo apt install oracle-java11-installer
```

如果要构建源代码工程，可以使用工具 Ant、Maven 或者 Gradle。Ant 与 Maven 都和项目管理软件 make 类似。虽然 Maven 正在逐步替代 Ant，但目前仍然有很多开源项目在继续使用 Ant。

1.3.1　使用 Ant

在 CentOS 下安装 Ant。

```
# yum -y install ant
```

从 http://ant.apache.org/bindownload.cgi 可以下载到 Ant 的最新版本。

在 Windows 操作系统下，ant.bat 和 ANT_HOME、CLASSPATH、JAVA_HOME 三个环境变量相关。需要用路径设置 ANT_HOME 和 JAVA_HOME 环境变量，并且路径不要以\或/结束，不要设置 CLASSPATH。使用 echo 命令检查 ANT_HOME 环境变量：

```
>echo %ANT_HOME%
D:\apache-ant-1.7.1
```

如果把 Ant 解压到 C:\apache-ant-1.7.1，则修改环境变量 PATH，增加当前路径 C:\ apache-ant-1.7.1\bin。

如果一个项目的源代码根路径包括一个 build.xml 文件，则说明这个项目可能是用 Ant 构建的。大部分用 Ant 构建的项目只需要如下一个命令：

```
#ant
```

集成开发环境 Eclipse 中已经集成了 Ant 组件，所以如果要在 Eclipse 中使用 Ant，则并不需要专门安装 Ant 软件工具。

在 Eclipse 中，可以根据项目源代码自动生成 build.xml 文件。方法是：选定指定 Java

项目，右击菜单中的“导出”选项，选择导出“Ant Build 文件”。

项目的源代码根路径包括一个 build.xml 文件，每一个 build.xml 只有一个 Project，Project 表示一个工程，里面定义了这个工程的全局属性。

执行 Ant 时，可以选择执行哪个目标。当没有指定目标时，执行 project 的 default 属性所确定的目标。只需要如下一个命令执行默认的目标：

```
#ant
```

build.xml 文件定义了一个项目。项目相关的信息包括项目名称和默认编译的目标。例如项目 KaldiJava 默认编译的目标是 makeJAR：

```
<project name="kaldi" default="makeJAR" basedir=".">
```

可以运行指定的任务，例如运行下面的 compile 任务：

```
<target name="compile" depends="init"
  description="compile the source ">
  <javac compiler="modern" encoding="utf-8" debug="true" srcdir="${src}"
destdir="${bin}" classpathref="project.class.path" target="1.8" source="1.8" />
</target>
```

使用命令行：

```
#ant compile
```

通过 Ant 执行的 build.xml 文件来自动生成可执行的 jar 包。Ant 通过调用目标树，就可以执行各种目标。例如，编译源代码的目标，还有打 jar 包的目标。

由于 Ant 构建的文件是 XML 格式的文件，所以很容易维护和书写，而且结构很清晰。Ant 可以集成到开发环境中。Eclipse 默认安装了 Ant 插件。选中 build.xml 文件后，在 run as 中选取 ant build，就可以运行 build.xml 文件中的默认目标了。

使用 build.xml 文件可以做的事情有：

- 定义全局变量，例如定义项目名。
- 初始化，主要是建立目录，例如发布路径。
- Java 源代码编译成为 class 文件；调用<javac encoding="utf-8" debug="true" srcdir="${src}" destdir="${bin}" classpathref="project.class.path" target="1.6" source= "1.6"/>。
- 把 class 文件打包到一个 jar 文件；调用<jar destfile="***">。
- 建立 API 文档。

目标之间可以有依赖关系。例如，makeJAR 依赖 init 和 compile，init 依赖 clean，所以目标执行顺序是 clean→init→compile→makeJAR。

```
<target name="makeJAR" depends="init,compile">
```

如果需要更新 war 中的文件，就设置 update="true"。

jar 包中要正好包含有用的 class 文件，既不能包含测试部分代码，也不能包含源文件。

```
<target name="makeJAR" depends="init,compile">
   <jar destfile="${dist}/${jarfile}">
    <fileset dir="${bin}">
      <include name="**/*.class"/>
      <exclude name="**/*.jflex"/>
     </fileset>
   </jar>
</target>
```

javac 标签调用 javac 编译器。如果 Java 源代码文件编码不一致可能会出错，可以把编码统一成 GBK 或者 UTF-8。如果源代码文件编码是 UTF-8，则使用 javac 编译时，要增加 encoding 选项指定编码是 UTF-8。

```
<javac  encoding="utf-8"  debug="true"  srcdir="${src}"  destdir="${bin}"
classpathref="project.class.path" target="1.6" source="1.6"/>
```

可以在 junit 任务中使用 batchtest：

```
<target name="test" depends="compileTest">
  <junit>
    <classpath>
      <pathelement location="bin" />
      <pathelement location="lib/junit-4.10.jar"/>
    </classpath>
    <batchtest>
      <fileset dir="${test}">
          <include name="**/*Test*" />
      </fileset>
    </batchtest>
    <formatter type="brief" usefile="false"/>
  </junit>
</target>
```

从命令行运行测试。

```
#ant test
```

1.3.2　使用 Maven

可以从 http://maven.apache.org/download.html 下载最新版本的 Maven，当前版本是 Maven-3.3.9。解压下载的 Maven 压缩文件到 C:根路径，将创建一个 C:\apache-maven-3.3.9 路径。修改 Windows 系统环境变量 PATH，增加当前路径 C:\apache-maven-3.3.9\ bin。如果一个项目的源代码根路径包括一个 pom.xml 文件，则说明这个项目可能是用 Maven 构建的。大部分用 Maven 构建的项目只需要如下一个命令：

```
#mvn clean install
```

可以在 PowerShell 下使用 scoop 命令安装 Maven：

```
>scoop install maven
```

在项目的根目录中放置 pom.xml，在 src/main/java 目录中放置项目的运行代码，在 src/test/java 中放置项目的测试代码。

使用 Maven Archetype 来创建项目的结构。采用 Maven 构建的项目一般包括一个 pom.xml 文件。

```
<build>
    <plugins>
        <plugin>
            <artifactId>maven-assembly-plugin</artifactId>
            <configuration>
                <archive>
                    <manifest>
                        <mainClass>fully.qualified.MainClass</mainClass>
                    </manifest>
                </archive>
                <descriptorRefs>
                    <descriptorRef>jar-with-dependencies</descriptorRef>
                </descriptorRefs>
            </configuration>
        </plugin>
    </plugins>
</build>
```

使用下面的命令执行它：

```
mvn assembly:single
```

用 install 参数下载依赖的 jar 文件。

```
mvn install
```

Maven 默认的本地仓库地址为${user.home}/.m2/repository。例如，如果用 Administrator 账户登录，则把 jar 包下载到 C:\Users\Administrator\.m2\repository\这样的路径。

如果 jar 文件位于 lib 路径下，则 Eclipse 的.classpath 文件中的 classpathentry 是 lib 类型。

```
<classpathentry kind="lib" path="lib/commons-io-1.2.jar"/>
```

如果 jar 包位于 Maven 的存储库中，则 Eclipse 的.classpath 文件中的 classpathentry 是 var 类型。

```
<classpathentry kind="var" path="M2_REPO/junit/junit/4.8.2/junit-4.8.2.jar"
                sourcepath="M2_REPO/junit/junit/4.8.2/junit-4.8.2-sources.
jar"/>
```

建大楼的时候需要搭建最终不会交付使用的脚手架。类似地，很多单元测试代码也不会在正式环境中运行，但是必须写。与此类似，可以使用 JUnit 做单元测试。

maven-surefire-plugin 是 Maven 中执行测试用例的插件。从版本 2.22.0 开始，Maven Surefire 和 Maven Failsafe 插件为在 JUnit 平台上执行测试提供本地支持。

POM 文件的构建部分如下：

```
<build>
    <plugins>
        <plugin>
            <groupId>org.apache.maven.plugins</groupId>
            <artifactId>maven-surefire-plugin</artifactId>
            <version>2.22.1</version>
        </plugin>
    </plugins>
</build>
```

如果想使用 Maven Surefire 插件的原生 JUnit 5 支持，则必须确保从类路径中找到至少一个测试引擎实现。所以，在配置 Maven 构建的依赖项时将 junit-jupiter-engine 依赖项添加到测试范围。

```
<dependencies>
    <dependency>
        <groupId>org.junit.jupiter</groupId>
        <artifactId>junit-jupiter-api</artifactId>
        <version>5.4.0</version>
        <scope>test</scope>
    </dependency>
    <dependency>
        <groupId>org.junit.jupiter</groupId>
        <artifactId>junit-jupiter-engine</artifactId>
        <version>5.4.0</version>
        <scope>test</scope>
    </dependency>
</dependencies>
```

如果使用 Maven Surefire 插件的默认配置，它会运行从测试类中找到的所有测试方法，如果测试类的名称为：

- 以字符串 Test 开头或结尾。
- 以字符串 Tests 结尾。
- 以字符串 TestCase 结尾。

1.3.3　使用 Gradle

相比 Maven，Gradle 提供了更加灵活的构建方式。

可以下载二进制文件来安装 Gradle：

```
# cd /opt/
# wget -bc https://services.gradle.org/distributions/gradle-5.2-bin.zip
# unzip gradle-5.2-bin.zip
# mv gradle-5.2 ./gradle
```

可在/etc/profile 文件或/etc/profile.d 目录设置环境变量。不过/etc/profile.d/比/etc/profile 好维护，对于不需要软件的变量，可以直接删除/etc/profile.d/下对应的 shell 脚本。

创建设置环境变量的脚本文件：

```
# echo 'export GRADLE_HOME=/opt/gradle' > /etc/profile.d/gradle.sh
# echo 'export PATH=$PATH:$GRADLE_HOME/bin'  >> /etc/profile.d/gradle.sh
```

执行这个脚本文件：

```
# . /etc/profile.d/gradle.sh
```

检查 gradle 的环境变量是否设置正确：

```
# gradle -v
```

这里，只需要使用 gradle 编译代码。

```
# gradle build
```

如果需要从本地目录中获取 jar 文件，则在 build.gradle 文件中添加：

```
repositories {
  flatDir {
     dirs 'libs'
  }
}

dependencies {
  compile name: 'commons-exec-1.3'
}
```

如果需要把依赖包下载到本地目录，则可以在 build.gradle 文件中增加如下任务：

```
task copyDependencies(type: Copy) {
  from configurations.compile
  into 'lib'
}
```

build.gradle 中通常有两个存储库和依赖项部分。其中一个完全包含在 buildscript {} 部分中。buildscript 部分的依赖项和用于查找它们的存储库仅适用于 build.gradle 脚本本身的代码。这些依赖项通常是 gradle 插件，有时是用于自定义构建代码的依赖项。

例如：一个使用 Spring Boot Gradle 插件的 build.gradle 内容如下：

```
buildscript {
   ext {
      springBootVersion = '2.1.2.RELEASE'
   }
   repositories {
      maven {url 'http://maven.aliyun.com/nexus/content/groups/public/'}
      mavenCentral()
   }
   dependencies {
      classpath("org.springframework.boot:spring-boot-gradle-plugin:
${springBootVersion}")
   }
}

apply plugin: 'java'
```

```
apply plugin: 'eclipse-wtp'
apply plugin: 'org.springframework.boot'
apply plugin: 'io.spring.dependency-management'

group = 'com.lietu'
version = '0.0.1-SNAPSHOT'
sourceCompatibility = '1.8'

repositories {
    maven {url 'http://maven.aliyun.com/nexus/content/groups/public/'}
   mavenCentral()
}

configurations {
    providedRuntime
}

dependencies {
   implementation 'org.springframework.boot:spring-boot-starter-freemarker'
   implementation 'org.springframework.boot:spring-boot-starter-web'
   providedRuntime 'org.springframework.boot:spring-boot-starter-tomcat'

   testImplementation 'org.springframework.boot:spring-boot-starter-test'
    testCompile group: 'junit', name: 'junit', version: '4.11'
}
```

要创建一个 Java 项目，先创建一个新的项目目录，进入并执行：

```
# gradle init --type java-library
```

会得到源文件夹和 Gradle 构建文件。

如果使用默认 gradle 包装结构建立项目，则执行：

```
src/main/java
src/main/resources
src/test/java
src/test/resources
```

如果需要将已有的 Maven 项目转换为 Gradle 项目，则可以在项目根目录下运行如下命令来生成 build.gradle 文件：

```
#gradle init
```

不需要修改 sourceSets 来运行测试。Gradle 会发现测试类和资源都在 src/test 中。然后可以运行：

```
#./gradlew test
```

可以编写测试类，然后使用 Gradle 运行一个测试用例：

```
# gradle test -Dtests.class=LibraryTest
# gradle test "-Dtests.class=*.ClassName"
```

运行包和子包中所有的测试用例：

```
# gradle test "-Dtests.class= com.lietu.package.*"
```

Gradle 构建项目的默认行为是执行测试。在构建时，也可以不执行测试：

```
# gradle build -x test
```

大多数工具需要在计算机上进行安装才能使用。这时构建用户可能会造成不必要的负担。同样重要的是，用户是否会为构建工具安装正确版本的工具？如果用户正在旧版本上构建软件怎么办？

Gradle Wrapper（以下称为 Wrapper）解决了这两个问题，是开始 Gradle 构建的首选方式。使用 Wrapper 可以使项目组成员不必预先安装好 Gradle，以便于统一项目所使用的 Gradle 版本。如果需要，也可以手工修改 gradle-wrapper.properties 文件中的 distributionUrl 值以改变 Gradle 版本。

在 Windows 操作系统下可以添加环境变量 GRADLE_USER_HOME 自定义 Gradle 缓存位置。

为了安装 Gradle 的 Eclipse 插件，可以从 https://github.com/eclipse/buildship 找到安装地址。

利用 Eclipse→Window→Preferences→Gradle 菜单命令设定 Gradle User Home 路径 F:\ soft\gradle-5.2\bin。

1.3.4 使用 Groovy Shell

Groovy Shell 是一个命令行应用程序，可以使用它来评估 Groovy 表达式、函数，定义类和运行 Groovy 命令。

在 Ubuntu 下使用 SDKMAN!(https://sdkman.io)安装 Groovy Shell。首先安装 zip：

```
# apt install zip
```

然后安装 SDKMAN!。首先下载并运行安装脚本：

```
# curl -s "https://get.sdkman.io" | bash
```

在终端上输入以下代码段：

```
# source "$HOME/.sdkman/bin/sdkman-init.sh"
```

然后安装最新的稳定 Groovy 版本：

```
# sdk install groovy
```

安装完成后，使用以下命令进行测试：

```
# groovy -version
```

运行 Groovy Shell：

```
# groovysh
groovy:000> print("hi")
```

1.3.5　使用 JShell

Java 有 BeanShell(https://github.com/beanshell/beanshell)这样的第三方 REPL 工具。但是随着 Java 9 于 2016 年发布，SDK 开始附带一个名为 JShell 的官方 REPL。

```
C:\test>jshell
|  欢迎使用 JShell -- 版本 11.0.1
|  要大致了解该版本，请输入：/help intro
```

用户可以在 Jshell 中执行算术运算，例如：

```
jshell> 10+15
$1 ==> 25
```

执行省略了分号的 Java 语言语句：

```
jshell> System.out.print("hello")
hello
```

加载 jar 包：

```
jshell> /env -class-path C:\lib\guava-19.0.jar
|  正在设置新选项并还原状态。
```

可以编写 JShell 脚本，然后调用 jshell 命令来执行。

1.4　Python 基础

首先介绍如何在 Windows 下和 Linux 下安装 Python。

1.4.1　Windows 下安装 Python

使用 Chocolatey 安装 Python。在 PowerShell 提示符下输入：

```
>choco install python3
```

使用如下命令检查 Python 是否正确安装，以及所使用的版本号：

```
> python --version
```

1.4.2　Linux 下安装 Python

首先检查 Python 3 是否已经正确安装，以及所使用的版本号：

```
# python3 -V
Python 3.4.5
```

检查 Python 3 所在的路径：

```
# which python3
/usr/bin/python3
```

如果使用 CentOS，可以使用 yum 安装 Python 3。首先查找可供安装的 Python 版本：

```
# yum search python3
```

然后安装想要的版本：

```
# yum install python36
```

如果使用 Ubuntu，则可以首先添加 PPA 软件源。

```
$ sudo add-apt-repository ppa:deadsnakes/ppa
```

然后更新软件源。

```
$ sudo apt update
```

最后执行安装：

```
$ sudo apt install python3.7
```

1.4.3 开发环境

简单地，可以使用 Nodepad++这样的文本编辑器写 Python 代码，也可以使用 PyDev 或者 PyCharm 集成开发环境。有两个版本的 PyCharm：专业版（免费 30 天试用版）和功能较少的社区版本（Apache 2.0 许可证）。

这里介绍使用 PyDev(http://www.pydev.org)。PyDev 是 Eclipse 的第三方插件。它是一个集成开发环境（IDE），用于 Python 编程，支持代码重构、图形调试、代码分析等功能。

PyDev 要求用户首先安装 Python 解释器和 Eclipse 集成开发环境。PyDev 是 Eclipse 的一个插件，如果没有安装 Python 和 Eclipse，就无法使用它。

首先要准备好 JDK 和集成开发环境 Eclipse。当前可以使用 JDK11。JDK11 可以从 Java 官方网站 http://www.oracle.com/technetwork/ java/index.html 下载得到。使用默认方式安装即可。

Eclipse 默认是英文界面，如果习惯用中文界面可以从 http://www.eclipse.org/babel/downloads.php 下载支持中文的语言包。

如果想要切换回英文开发环境，则可以使用命令行进入 Eclipse 主目录后输入：

```
eclipse -nl en
```

切换回简体中文：

```
eclipse -nl zh_CN
```

然后安装插件，配置路径。

插件通过 Eclipse 的软件安装机制安装。从“帮助”菜单中选择“安装新软件”，输入网址 http://pydev.org/updates，并选择 PyDev 执行 Next 开始安装，安装完需要重启 Eclipse。

必须配置 PyDev 才能与 Eclipse 和 Python 设置一起正常工作。从 Eclipse 主菜单中选择 Window→Preferences，将打开“首选项”对话框。选择 PyDev→Interpreter – Python，单击 Quick Auto-Config 按钮可以按照用户所希望的方式设置 Eclipse，但前提是选择了某个版本的 Python 3。如果未找到任何版本的 Python，请执行以下步骤：如果找到早期版本的 Python，请确保使用“删除”按钮将其删除，然后手动选择 python.exe 文件所在的路径。

1.5 C#基础

C#是一门贴近自然语言的高级编程语言。因为是在美国发明的，所以其中的关键字使用英语定义。

交互式的编程环境能立刻对使用者做出回应，所以对于学习一门新的编程语言具有很大的帮助。可以在交互模式下使用 C#编译器。为了使用 C# REPL(REPLRead-Eval-Print Loop)，在 Ubuntu 下，目前可以使用 Mono 的 CSharp Shell 体验。

首先安装相关软件包：

```
# apt install mono-csharp-shell
```

然后启动 CSharp Shell：

```
# csharp
```

输入代码：

```
csharp> Console.WriteLine("hi");
```

在 Windows 下可以使用 scriptcs(https://github.com/scriptcs/scriptcs)体验 REPL：

可以使用 Chocolatey 安装 scriptcs：

```
> choco install scriptcs
```

测试是否安装正确：

```
> Console.WriteLine("hi");
```

安装解析 HTML 格式的文档的包：

```
scriptcs -install dcsoup
```

然后运行解析 XML 的测试方法：

```
> scriptcs
```

使用 dcsoup 解析 XML 格式字符串的 C#代码如下：

```
> using Supremes;
> using Supremes.Nodes;
> using Supremes.Parsers;
> using System;
>string html = "<?xml version=\"1.0\" encoding=\"UTF-8\"><tests><test><id>xxx</id><status>xxx</status></test><test><id>xxx</id><status>xxx</status></test></tests></xml>";
> Document doc = Dcsoup.Parse(html, "", Parser.XmlParser);
> Console.WriteLine(doc.GetElementsByTag("id"));
```

输出结果如下：

```
<id>
 xxx
</id>
<id>
 xxx
</id>
```

在 CentOS 下可以使用 dotnet-script(https://github.com/filipw/dotnet-script)从.NET Core 命令行接口运行 C#脚本。

可以使用以下步骤在 CentOS 7 上安装.NET Core：

```
# yum install centos-release-dotnet
#yum install rh-dotnet21 -y
```

使用它：

```
#scl enable rh-dotnet21 bash
```

查看版本信息：

```
# dotnet --info
```

安装 dotnet-script：

```
#dotnet tool install -g dotnet-script
```

使用 dotnet-script：

```
#dotnet-script
```

使用 HtmlAgilityPack 解析 HTML 字符串的 C#代码如下：

```
> #r "nuget: HtmlAgilityPack"
> using System;
> using System.Xml;
> using HtmlAgilityPack;
> var html =
        @"<!DOCTYPE html>
<html>
<body>
   <h1>This is <b>bold</b> heading</h1>
   <p>This is <u>underlined</u> paragraph</p>
   <h2>This is <i>italic</i> heading</h2>
</body>
</html> ";
```

```
> var htmlDoc = new HtmlDocument();
> htmlDoc.LoadHtml(html);

> var htmlBody = htmlDoc.DocumentNode.SelectSingleNode("//body");

> Console.WriteLine(htmlBody.OuterHtml);
```

可以使用轻量级 C#编辑器 RoslynPad(https://roslynpad.net/)开发简单应用。在 RoslynPad 中引用 HtmlAgilityPack 包的代码如下。

```
#r "$NuGet\HtmlAgilityPack\1.9.0\lib\Net45\HtmlAgilityPack.dll"
```

实际项目开发可以选择 Visual Studio。NuGet 是一个为 Microsoft 开发平台设计的免费开源软件包管理器。它使得在 Visual Studio 中安装和更新第三方库和工具更容易。可以在命令行使用 NuGet 安装项目需要的包。例如使用 NuGet 在当前目录下安装测试包 NUnit：

```
PM> Install-Package NUnit
```

可以手动安装需要的包。例如，使用 NuGet 从本地安装 Newtonsoft.Json。从 NuGet 网站 https://www.nuget.org/packages/Newtonsoft.Json/11.0.2 下载安装包 Newtonsoft.Json.11.0.2.nupkg 到 D:\soft 目录。

然后在 Visual Studio 的包管理器命令行安装：

```
PM> Install-Package Newtonsoft.Json -Version 11.0.2  -Source D:\soft
```

Visual Studio 会把相关的依赖信息写入项目 csproj 文件的 PackageReference 部分。

1.6 硬件基础

日常开发所使用的台式机箱用于放置主板及硬盘、光驱、电源，以及 USB 控制器、显卡等。

像 CPU 这样的位于主机箱内的设备通常称为内部设备（简称内设），而位于主机箱之外的设备通常称为外部设备（简称外设，如显示器、键盘、鼠标等）。通常，主机自身（装上软件后）已经是一台能够独立运行的计算机系统，服务器等有专门用途的计算机通常只有主机，没有其他外设。

为了更好地支持 Tensorflow 这样的深度学习环境，可以考虑选用 Intel CPU。

在 Linux 系统中，可以通过查看/proc/cpuinfo 文件来显示 CPU 信息。运行：

```
#cat /proc/cpuinfo
```

示例部分输出如下：

```
processor       : 31
vendor_id       : GenuineIntel
```

```
    cpu family        : 6
    model             : 85
    model name        : Intel(R) Xeon(R) Gold 5120T CPU @ 2.20GHz
    stepping          : 4
    microcode         : 0x1
    cpu MHz           : 2200.000
    cache size        : 16384 KB
    physical id       : 31
    siblings          : 1
    core id           : 0
    cpu cores         : 1
    apicid            : 31
    initial apicid    : 31
    fpu               : yes
    fpu_exception     : yes
    cpuid level       : 13
    wp                : yes
    flags             : fpu vme de pse tsc msr pae mce cx8 apic sep mtrr pge mca cmov
    pat pse36 clflush mmx fxsr sse sse2 ss syscall nx pdpe1gb rdtscp lm constant_tsc
     arch_perfmon rep_good nopl xtopology eagerfpu pni pclmulqdq ssse3 fma cx16
pcid
     sse4_1 sse4_2 x2apic movbe popcnt tsc_deadline_timer aes xsave avx f16c rdrand
    hypervisor lahf_lm abm 3dnowprefetch invpcid_single kaiser fsgsbase
tsc_adjust b
    mi1 hle avx2 smep bmi2 erms invpcid rtm mpx avx512f rdseed adx smap clflushopt c
    lwb avx512cd xsaveopt xsavec xgetbv1 arat
    bugs              : cpu_meltdown spectre_v1 spectre_v2 spec_store_bypass
    bogomips          : 4400.00
    clflush size      : 64
    cache_alignment   : 64
    address sizes     : 46 bits physical, 48 bits virtual
    power management:
```

1.7 本章小结

Ubuntu 是一款基于 Debian 发行版本派生的操作系统，而 CentOS 则是基于 Red Hat 商业版本派生的操作系统。

除了 Visual Studio、C#集成开发环境，还可以选择在 VS Code 中使用 OmniSharp-Roslyn。

第 2 章 搜索引擎理解语义

搜索引擎根据用户输入的关键词或者问题查询文本。为了快速返回结果，搜索引擎往往对待查询的文本建立倒排索引。对于用户输入问题和索引库中的文本理解有助于提升查询结果的准确性。本章首先介绍处理文本的整体流程，然后介绍基于文法的语言模型，以及 N 元模型。

2.1 处理文本

对于要处理的文章，首先可以切分成句子，然后再做分词和词性标注等处理。可以使用 java.text.BreakIterator 把文本分成句子。BreakIterator.getSentenceInstance 返回按标点符号的边界切分句子的实例。BreakIterator 支持多种语言的文本处理。简单切分出中文句子的方法是：

```
    String stringToExamine = "这是一种高效富集甲基化 DNA 的方法。在该方法中，可将与 5mC 特异性结合的抗体加入到变性的基因组 DNA 片段中，从而使甲基化的基因组片断免疫沉淀，形成富集。通过与已有 DNA 微芯片技术相结合，从而进行大规模 DNA 甲基化分析。该方法简便，特异性高，适合 DNA 甲基化组学(DNA Methylome)的分析。通过以上论述，不难看到检测甲基化的方法不断涌现，一方面说明其研究难度之大，另一方面也说明种种方法都有其局限性，诸如对酶的依赖，PCR 扩增的问题，芯片数据分析的标准化问题，等等。综上所述，各种表观基因组学技术方法使我们可以绘制出诸如 DNA 甲基化以及组蛋白修饰模式的详细图谱，为我们研究甲基化的生物学功能，以及在肿瘤生成中的作用，以致肿瘤预防、诊断、治疗和预后方面提供更多信息。然而，为了实现这个宏远目标，需要的不仅仅是支助的增加，还有国际同行的密切合作。";
```

```
//根据中文标点符号切分
BreakIterator boundary = BreakIterator.getSentenceInstance(Locale.CHINESE);
//设置要处理的文本
boundary.setText(stringToExamine);
int start = boundary.first(); //开始位置
for (int end = boundary.next(); end != BreakIterator.DONE;
      start = end, end = boundary.next()) {
   //输出子串，也就是一个句子
   System.out.println(stringToExamine.substring(start, end));
}
```

2.2 基于文法的语言模型

可以使用 JSGF(Java Speech Grammar Format)描述的语言模型来匹配标准问答集。JSGF 中的每个文件只定义一个语法。每个语法包含两部分：语法头和语法体。

语法头格式：#JSGF version char-encoding locale;

例如：#JSGF V1.0 ISO8859-5 en;

声明语法头后，需要指定语法名称。语法名称格式如下：

```
grammar grammarName;
```

接下来定义语法体、语法体定义规则。规则定义格式如下：

```
public <ruleName> = ruleExpansion;
```

例如，定义一个名为 greet 的规则：

```
public <greet> = Hello;
```

一个简单的规则扩展可以引用一个或多个符号或规则。

```
public <greet> = Hello;
public <completeGreet> = <greet> World;
```

一个简单的“Hello World”语法文件。

```
#JSGF V1.0;

grammar simpleExample;

public <greet> = Hello;

public <completeGreet> = <greet> World;
```

还可以在语法文件中添加注释。

```
//单行注释

/*多行注释*/
```

```
/**
*文档注释
* @author luogang
*/
```

JSGFKit(https://github.com/ExpandingDev/JSGFKit)是一个 JSGF 语言模型的实现。JSGFKit 使用 Grammar 类作为持有语法规则的主要容器。使用 JSGFKit 的代码如下：

```
Grammar g = new Grammar();
//创建一个 Rule 对象
Rule greetRule = new Rule("greet",
     new RequiredGrouping(new RuleReference("greetWord")),
     new RequiredGrouping(new RuleReference("name")));
//增加一个规则到文法库
g.addRule(greetRule);
g.addRule(new Rule("greetWord",
        new AlternativeSet(new Token("hello"), new Token("hi"))));
g.addRule(new Rule("name",
     new AlternativeSet(new Token("peter"), new Token("john"),
                  new Token("mary"), new Token("anna"))));

String text = g.compileGrammar();
System.out.println(text);
```

输出结果如下：

```
#JSGF V1.0 UTF-8 zh;
grammar default;
public <greet> = (<greetWord>) (<name>);
public <greetWord> = hello | hi;
public <name> = peter | john | mary | anna;
```

2.3 正则表达式查找文本

正则表达式\w 与任何单词字符匹配，包括下画线，而\w+则匹配一个英文单词。可以在文本编辑器 Nodepad++中测试正则表达式匹配。

java.util.regex 包提供了对正则表达式的支持。其中的 Pattern 类代表一个编译后的正则表达式。通过 Matcher 类根据给定的模式查找输入字符串。通过调用 Pattern 对象的 matcher 方法得到一个 Matcher 对象。使用正则表达式提取字符串的例子如下：

```
String example = "This is my small example string which I'm going to use for pattern matching.";
Pattern pattern = Pattern.compile("\\w+");
Matcher matcher = pattern.matcher(example);
//检查所有的出现
while (matcher.find()) {
   System.out.print("开始位置: " + matcher.start());
```

```
    System.out.print(" 结束位置: " + matcher.end() + " ");
    System.out.println(matcher.group());
}
```

用正则表达式检查 E-mail 的格式。用这样的正则表达式：

```
\w+@[\w+\.\w+]+
```

可以匹配上 luogang@lietu.com 这样的文本。

还需要“.”和“-”两个字符。例如邮箱 zhangshna.Mr@163.com，在@符号之前还有个点“.”。

检查 E-mail 格式的语句：

```
String mailTo = "abc@sina.com.cn";
System.out.println(mailTo.matches( "[\\w[.-]]+@[\\w[.-]]+\\.[\\w]+" )); //
输出 true
```

正则表达式的原理是有限状态自动机。dk.brics.automaton(http://www.brics.dk/automaton/)包含有限状态自动机的实现。BasicAutomata.makeChar 方法生成接收单个字符的自动机。

```
Automaton a = BasicAutomata.makeChar('W');          //创建一个字符 W 组成的自动机
```

repeat 方法重复多次。例如重复字符 A～Z 至少一次：

```
Automaton a = BasicAutomata.makeCharRange('A', 'Z');
Automaton c = BasicOperations.repeat(a,1);          //指定最少重复次数
System.out.println(BasicOperations.run(c, "WW")); //输出 true
System.out.println(BasicOperations.run(c, "WWW")); //输出 true
```

BasicOperations.concatenate 方法连接两个自动机。例如：

```
Automaton a = BasicAutomata.makeCharRange('A', 'Z');
Automaton b = BasicAutomata.makeChar('@');
Automaton c = BasicOperations.concatenate(a, b);
System.out.println(BasicOperations.run(c, "A@")); //输出 true
System.out.println(BasicOperations.run(c, "AW")); //输出 false
```

使用 Automaton 类匹配数字：

```
Automaton num = Automaton.minimize((new RegExp("[0-9]+")).toAutomaton());
System.out.println(BasicOperations.run(num, "12356756700")); //输出 true
```

很多时候对匹配对象有更多的要求。根据上下文过滤匹配结果要用到环视结构。如果条件位于要提取的信息的后面，则叫作向前看表达式，否则叫作向回看。

一个向回看的表达式从模式开始，直到向回看的表达式结束为止。

```
(?<=X)        X, 按条件 X 向回寻找
```

例如，查找"http://"后面的文本写做：(?<=http://)。完整的例子如下：

```
//查找"http://"后面的文本
Pattern pat = Pattern.compile( "(?<=http://)\\S+" );
```

```
    String str = "The Java2s website can be found at  http://www.java2s.com. There,
you can find some Java examples.";

    Matcher matcher = pat.matcher(str);
    while (matcher.find())
      System.out.println(":" + matcher.group() + ":");
```

下面的例子提取网页中的链接：

```
    String pageContents = "<a href=\"http://www.lietu.com\">猎兔</a>";
    Pattern p = Pattern.compile("<a\\s+href\\s*=\\s*\"?(.*?)[\"|>]",
                          Pattern.CASE_INSENSITIVE); //忽略大小写
    Matcher m = p.matcher(pageContents);
    while (m.find()) {//打印网页中所有的链接
       String link = m.group(1).trim();
       System.out.println(link);
    }
```

有些链接的形式是：

```
    <a href='http://www.lietu.com'>猎兔</a>
```

为了更好地匹配单引号，可以把模式修改成：

```
    "<a\\s+href\\s*=\\s*[\"|']?(.*?)[\"|\'>]"
```

匹配“2009-12-6”这样的日期可以使用如下的正则表达式：

```
    Pattern p = Pattern.compile("\\d{2,4}-\\d{1,2}-\\d{1,2}");
    Matcher m = p.matcher(inputStr);
    if(m.find()){
       String strDate = m.group();
    }
```

其他的一些匹配日期的正则表达式有：“\\d{2,4}/\\d{1,2}/\\d{1,2}”和“\\d{2,4}年\\d{1,2}月\\d{1,2}日”，以及“\\d{2,4}\\.\\d{1,2}\\.\\d{2,4}”。

2.4　中文词语切分与词性标注

英语、法语和德语等西方语言通常采用空格或标点符号将词隔开，具有天然的分隔符，所以词的获取简单，但是为了深入地理解语义，仍然需要标注出每个词的词性。中文、日文和韩文等东方语言，虽然句子之间有分隔符，但词与词之间没有分隔符或者分隔符不够多，所以需要靠程序切分出词。

中文分词是中文自然语言理解的基础，这里首先介绍中文分词的接口与使用方法，然后介绍最长匹配中文分词和 N 元中文分词的实现。

2.4.1 使用中文分词

如果不需要切分出词性，则可以用如下简单的接口返回词：

```
String text = "科技进展";
Segmenter seg = new Segmenter(text);           //切分文本
String word;                                   //保存词
while ((word = seg.nextWord()) != null){       //返回一个词
   System.out.println(word);                   //输出切分出的词
};
```

如果需要标注出文本词性，则可以选用输出标注词性的分词接口。为了方便指明词的词性，词性标注程序往往给每个词性编码。例如，根据英文缩写，把“形容词”编码成 a，名词编码成 n，动词编码成 v……表 2-1 是完整的词性编码表。

表 2-1 词性编码表

代 码	名 称	举 例
a	形容词	最/d 大/a 的/u
ad	副形词	一定/d 能够/v 顺利/ad 实现/v 。/w
ag	形语素	喜/v 煞/ag 人/n
an	名形词	人民/n 的/u 根本/a 利益/n 和/c 国家/n 的/u 安稳/an 。/w
b	区别词	副/b 书记/n 王/nr 思齐/nr
c	连词	全军/n 和/c 武警/n 先进/a 典型/n 代表/n
d	副词	两侧/f 台柱/n 上/f 分别/d 雄踞/v 着/u
dg	副语素	用/v 不/d 甚/dg 流利/a 的/u 中文/nz 主持/v 节目/n 。/w
e	叹词	嗬/e ！/w
f	方位词	从/p 一/m 大/a 堆/q 档案/n 中/f 发现/v 了/u
g	语素	例如 dg 或 ag
h	前接成分	目前/t 各种/r 非/h 合作制/n 的/u 农产品/n
i	成语	提高/v 农民/n 讨价还价/i 的/u 能力/n 。/w
j	简称略语	民主/ad 选举/v 村委会/j 的/u 工作/vn
k	后接成分	权责/n 明确/a 的/u 逐级/d 授权/v 制/k
l	习用语	是/v 建立/v 社会主义/n 市场经济/n 体制/n 的/u 重要/a 组成部分/l 。/w
m	数词	科学技术/n 是/v 第一/m 生产力/n
n	名词	希望/v 双方/n 在/p 市政/n 规划/vn
ng	名语素	就此/d 分析/v 时/ng 认为/v
nr	人名	建设部/nt 部长/n 侯/nr 捷/nr
ns	地名	北京/ns 经济/n 运行/vn 态势/n 喜人/a

续表

代　码	名　称	举　例
nt	机构团体	[冶金/n 工业部/n 洛阳/ns 耐火材料/l 研究院/n]nt
nx	字母专名	ATM/nx 交换机/n
nz	其他专名	德士古/nz 公司/n
o	拟声词	汩汩/o 地/u 流/v 出来/v
p	介词	往/p 基层/n 跑/v 。/w
q	量词	不止/v 一/m 次/q 地/u 听到/v ，/w
r	代词	有些/r 部门/n
s	处所词	移居/v 海外/s 。/w
t	时间词	当前/t 经济/n 社会/n 情况/n
tg	时语素	秋/tg 冬/tg 连/d 旱/a
u	助词	工作/vn 的/u 政策/n
ud	结构助词	有/v 心/n 栽/v 得/ud 梧桐树/n
ug	时态助词	你/r 想/v 过/ug 没有/v
uj	结构助词的	迈向/v 充满/v 希望/n 的/uj 新/a 世纪/n
ul	时态助词了	完成/v 了/ ul
uv	结构助词地	满怀信心/l 地/uv 开创/v 新/a 的/u 业绩/n
uz	时态助词着	眼看/v 着/uz
v	动词	举行/v 老/a 干部/n 迎春/vn 团拜会/n
vd	副动词	强调/vd 指出/v
vg	动语素	做好/v 尊/vg 干/j 爱/v 兵/n 工作/vn
vn	名动词	股份制/n 这种/r 企业/n 组织/vn 形式/n ，/w
w	标点符号	生产/v 的/u 5G/nx 、/w 8G/nx 型/k 燃气/n 热水器/n
x	非语素字	生产/v 的/u 5G/nx 、/w 8G/nx 型/k 燃气/n 热水器/n
y	语气词	已经/d 30/m 多/m 年/q 了/y 。/w
z	状态词	势头/n 依然/z 强劲/a ；/w

使用词性编码输出给句子标注词性的结果，例如：“不/d 忘/v 群众/n 疾苦/n 温暖/v 送/v 进/v 万/m 家/q”。

调用输出词性标注的接口：

```
String text = "地球是一颗美丽的蓝色星球";

WordToken[] tokens = SentProcessor.tag(text);

System.out.println("输出标注结果: ");
for (WordToken w : tokens) {
```

```
    System.out.println(w.term()+"|"+w.type());  //输出切分出来的词和词性
}
```

2.4.2 正向最大长度匹配法

假如要切分“印度尼西亚地震”这个词组，希望切分出“印度尼西亚”，而不希望切分出“印度”这个词。正向找最长词是正向最大长度匹配的思想。倾向于写更短的词，除非必要，才用长词表述，所以倾向切分出长词。

正向最大长度匹配的分词方法实现起来很简单。每次从词典找和待匹配串前缀最长匹配的词，如果找到匹配词，则把这个词作为切分词，待匹配串减去该词，如果词典中没有词匹配上，则按单字切分。例如，检索树结构的词典中包括如下 8 个词语：

大　大学　大学生　活动　生活　中　中心　心

输入：“大学生活动中心”，首先匹配出开头的最长词“大学生”，然后匹配出“活动”，最后匹配出“中心”。切分过程如图 2-1 所示。

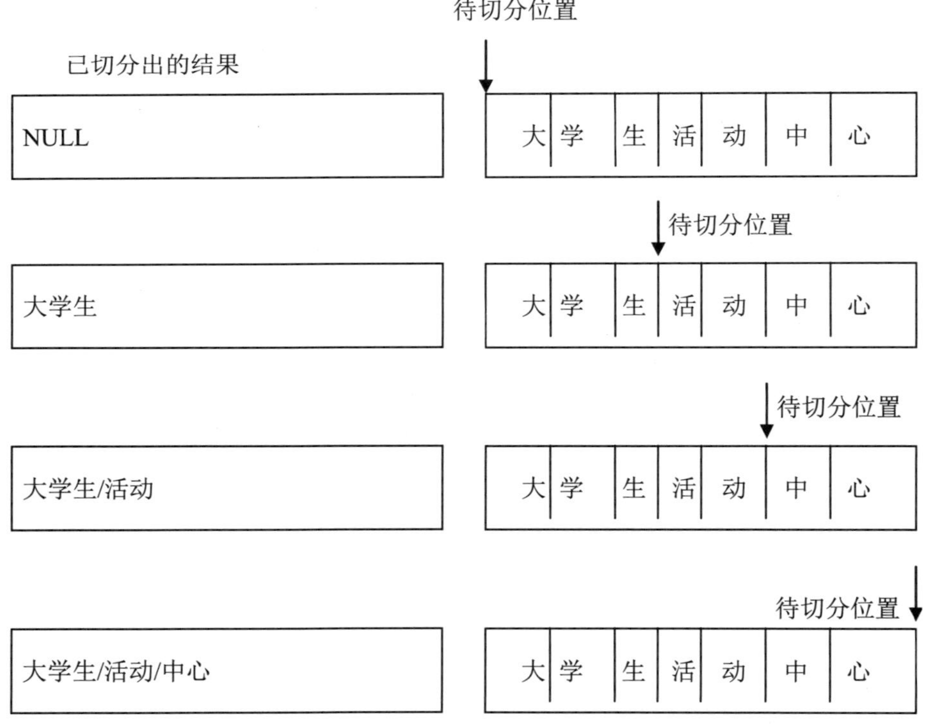

图 2-1　正向最大长度匹配切分过程

最后分词结果为："大学生/活动/中心"。

在分词类 Segmenter 的构造方法中输入要处理的文本。然后通过 nextWord 方法遍历单词，其中，text 变量记录切分文本；offset 变量记录已经切分到哪里。分词类基本实现如下：

```
public class Segmenter {
   String text = null; //切分文本
   int offset; //已经处理到的位置

   public Segmenter(String text) {
      this.text = text; //更新待切分的文本
      offset = 0; //重置已经处理到的位置
   }

   public String nextWord() { //得到下一个词，如果没有，则返回 null
      //返回最长匹配词，如果没有匹配上，则按单字切分
   }
}
```

使用 Apache Commons Configuration 读入词表相关的配置信息，然后根据配置信息加载词表。build.gradle 文件增加依赖项：

```
dependencies {
    compile group: 'org.apache.commons', name: 'commons-configuration2', version: '2.4'
    compile group: 'commons-beanutils', name: 'commons-beanutils', version: '1.9.3'
}
```

将配置信息写入配置文件：

```
Configurations configs = new Configurations();
Configuration config = configs.properties(new File("config.properties"));
String dicDir = config.getString("dicDir");  //从配置文件读取词典路径
System.out.println(dicDir);
```

2.4.3 未登录串识别

切分结果中，英文和数字要连在一起，不管这些英文串或者数字串是否在词典中。例如"Twitter 正式发布音乐服务 Twitter#Music"这句话，即使词典中没有"Twitter"这个词，切分出来的结果也应该把 Twitter 合并在一起。另外，对于像[ATM 机]这样的英文和汉字混合的词也要合并在一起。

吃苹果时，比发现苹果中有一条虫更糟糕的是，发现里面只有半条虫。如果"007"在词表中，则会把"0078999"这样的数字串切分成多段。为了把一些连续的数字和英文切分到一起，需要区分全数字组成的词和全英文组成的词。如果匹配上了全数字组成

的词，则继续往后看还有没有更多的数字。如果匹配上了全英文组成的词，则继续往后看还有没有更多的字母。

匹配数字的有限状态自动机：

```
Automaton num = BasicAutomata.makeCharRange('0', '9').repeat(1);
num.determinize(); //转换成确定自动机
num.minimize();  //最小化
```

匹配英文单词的有限状态自动机：

```
Automaton lowerCase = BasicAutomata.makeCharRange('a', 'z');
Automaton upperCase = BasicAutomata.makeCharRange('A', 'Z');
Automaton c = BasicOperations.union(lowerCase, upperCase);
Automaton english = c.repeat(1);
english.determinize();
english.minimize();
```

匹配日期的有限状态自动机：

```
Automaton a = BasicAutomata.makeCharRange('0', '9');
Automaton b = a.repeat(2,4);
Automaton yearUnit = BasicAutomata.makeChar('年');
Automaton yearNum = BasicOperations.concatenate(b, yearUnit);
Automaton monUnit = BasicAutomata.makeChar('月');

Automaton twoNum = a.repeat(1,2);
Automaton monNum = BasicOperations.concatenate(twoNum, monUnit);
Automaton yearWithMon = BasicOperations.concatenate(yearNum,monNum);

Automaton dayUnit = BasicAutomata.makeChar('日');
Automaton dayNum = BasicOperations.concatenate(twoNum, dayUnit);
Automaton yearMonDay = BasicOperations.concatenate(yearWithMon,
     dayNum.optional());

Automaton finalDate = BasicOperations.union(yearNum,yearMonDay);
finalDate.determinize();
```

可以根据 Automaton 实例得到有限状态转换，例如得到匹配时间的有限状态转换：

```
public static FST createDate() throws Exception {
   Automaton dateAutomaton = AutomatonFactory.getCnDate();
   FST fstDate = new FST(dateAutomaton, "t"); //时间类型
   return fstDate;
}
```

如下方法返回同时匹配日期和数字的有限状态转换：

```
public static FST createAll()throws Exception  {
   FST dateFST = createDate(); //日期
   FST simpleFST = createSimple(); //数值
   FSTUnion union = new FSTUnion(dateFST, simpleFST);
   return union.union();
}
```

用于原子切分的 SplitPoints 类：

```
public class SplitPoints {
   public BitSet endPoints;                  //可结束点
   public BitSet startPoints;                //可开始点
   public HashSet<POSType>[] atomPOS;

   public SplitPoints(int senLen) {
      endPoints = new BitSet(senLen);        //存储所有可能的切分点
      startPoints = new BitSet(senLen);      //存储所有可能的切分点
      atomPOS = new HashSet[senLen];         //存储可能的词性
   }

   @Override
   public String toString() {
      return "SplitPoints [endPoints=" + endPoints + "\r\n startPoints="
            + startPoints + "]";
   }
}
```

根据句子返回切分词图：

```
public AdjList getLattice(String sentence) {
   int atomCount = sentence.length();

   //原子切分
   SplitPoints splitPoints = fstSeg.splitPoints(sentence);

   AdjList g = new AdjList(atomCount + 1); //初始化在 Dictionary 中词组成的图
   sucNode = new CnToken[g.verticesNum];
   prob = new double[g.verticesNum];         //节点概率

   int start = 0;
   int currentEnd = splitPoints.endPoints.nextSetBit(0);

   while (start >= 0) {
      TernarySearchTrie.PrefixRet prefix = new TernarySearchTrie.PrefixRet();
      boolean matchRet = dic.matchAll(sentence, start, prefix, splitPoints.
endPoints);

      if (matchRet) {//匹配上
         for (WordEntry word : prefix.values) {
            int end = start + word.word.length();//词的结束位置
            double logProb = Math.log(word.freq) - Math.log(dic.n);
            CnToken tokenInf =
                new CnToken(start, end, logProb, word.word, word.types);
            g.addEdge(tokenInf);
         }

         start = splitPoints.startPoints.nextSetBit(start + 1);
         currentEnd = splitPoints.endPoints.nextSetBit(currentEnd + 1);
```

```
            } else {
               double logProb = Math.log(1) - Math.log(dic.n);

               HashSet<POSType> types = null;

               if(splitPoints.atomPOS[start]==null ) {
                   types = new HashSet<POSType>();
                   types.add(new POSType("n", 1)); //默认为名词
               }
               else {
                   types = splitPoints.atomPOS[start];
               }

               g.addEdge(
      new CnToken(start, currentEnd, logProb, sentence.substring(start, currentEnd),
types));
               start = splitPoints.startPoints.nextSetBit(start + 1);
               currentEnd = splitPoints.endPoints.nextSetBit(currentEnd + 1);
            }
        }
        return g;
    }
```

2.4.4 基本的 *N* 元模型

两个词可以组合成一个词的情况叫作组合歧义。例如：“上海/银行”和“上海银行”。最大长度匹配算法无法正确切分组合歧义。例如，会把“请在一米线外等候”错误地切分成“一/米线”而不是“一/米/线”。

对于输入字符串 C“有意见分歧”，有下面两种切分可能：

S_1: 有/ 意见/ 分歧/

S_2: 有意/ 见/ 分歧/

这两种切分方法分别叫作 S_1 和 S_2。如何评价这两个切分方案？哪个切分方案更有可能在语料库中出现就选择哪个切分方案。

计算条件概率 $P(S_1|C)$和 $P(S_2|C)$，然后根据 $P(S_1|C)$和 $P(S_2|C)$的值来决定选择 S_1 还是 S_2。

因为联合概率 $P(C,S)= P(S|C)P(C)= P(C|S)P(S)$，所以有

$$P(S \mid C) = \frac{P(C \mid S) \times P(S)}{P(C)}。$$

这也叫作贝叶斯公式。$P(C)$是字串在语料库中出现的概率。比如说语料库中有 1 万个句子，其中有一句是“有意见分歧”那么 $P(C)$=P(“有意见分歧”)=万分之一。

在贝叶斯公式中，$P(C)$只是一个用来归一化的固定值，所以实际分词时并不需要计算。

$P(C|S)$是由从词串 S 恢复到汉字串 C 的概率，该值为 1，即 $P(C|S_1)=P(C|S_2)=1$。因此，比较 $P(S_1|C)$和 $P(S_2|C)$的大小变成比较 $P(S_1)$和 $P(S_2)$的大小，即

$$\frac{P(S_1 \mid C)}{P(S_2 \mid C)} = \frac{P(S_1)}{P(S_2)}$$

因为 $P(S_1)$=P(有,意见,分歧)> $P(S_2)$=P(有意,见,分歧)，所以选择切分方案 S_1 而不是 S_2。

在具体的分词过程中，输入是一个字符串 $C=C_1,C_2,\cdots,C_n$，输出是一个词串 $S=w_1,w_2,\cdots,w_m$，其中 $m \leqslant n$。对于一个特定的字符串 C，会有多个切分方案 S 与之对应，分词的任务就是在这些 S 中找出一个切分方案 S，使得 $P(S|C)$的值最大。$P(S|C)$就是由字符串 C 产生切分 S 的概率。最可能的切分方案为

$$\begin{aligned}\text{BestSeg}(C) &= \arg\max_{S \in G} P(S \mid C) = \arg\max_{S \in G} \frac{P(C \mid S)P(S)}{P(C)} \\ &= \arg\max_{S \in G} P(S) = \arg\max_{w_1, w_2, \cdots, w_m \in G} P(w_1, w_2, \cdots, w_m)\end{aligned}$$

也就是对输入字符串切分出最有可能的词序列。

这里的 G 表示切分词图。待切分字符串 C 中的某个子串构成一个词 w，把这个词看成是从开始位置 i 到结束位置 j 的一条有向边。把 C 中的每个位置看成点，词看成边，可以得到一个有向图，这个图就是切分词图 G。

概率语言模型分词的任务是：在全切分所得的所有结果中求某个切分方案 S，使得 $P(S)$为最大。那么，如何来表示 $P(S)$呢？为了简化计算，假设每个词之间的概率是上下文无关的，则

$$P(S) = P(w_1, w_2, \cdots, w_m) \approx P(w_1)P(w_2)\cdots P(w_m)$$

式中，$P(w)$就是词 w 出现在语料库中的概率。例如：

$$P(S_1) = P\,(\text{有,意见,分歧}) \approx P\,(\text{有})\,P(\text{意见})\,P(\text{分歧})$$

对于不同的 S，m 的值是不一样的。一般来说，m 越大，$P(S)$会越小。也就是说，分出的词越多，概率越小。这符合实际的观察，如最大长度匹配切分往往会使得 m 较小。

词表中的词往往很多，分摊到一个词的概率可能很小，所以 $P(S)$一般是通过很多小数值的连乘积算出来的。如果一个数太小，可能会向下溢出变成零。例如 0.0000000000000000000000000001，double 类型表示不出如此小的数。因为函数 $y=\log x$，当 x 增大时，y 也会增大，所以是单调递增函数。取对数后，表示一个小于 1 的正数的精确度加大了。

$P(S) \approx P(w_1)P(w_2)\cdots P(w_m) \propto \log P(w_1) + \log P(w_2) + \cdots + \log P(w_m)$，这里的$\propto$是正比符号。因为词的概率小于 1，所以取对数后是负数。最后算 $\log P(w)$。

计算任意一个词出现的概率如下：

$$P(w_i)=\frac{w_i\text{在语料库中的出现次数}n}{\text{语料库中的总词数}N}$$

因此 $\log P(w_i)=\log \text{freq}_w-\log N$

如果词概率的对数值事前已经算出来了，则结果直接用加法就可以得到 log $P(S)$，而加法比乘法的运算速度更快。

这个计算 $P(S)$的公式也叫作基于一元概率语言模型的计算公式。这种分词方法简称一元分词。它综合考虑了切分出的词数和词频。一般来说，词数少、词频高的切分方案概率更高。考虑一种特殊的情况：若所有词的出现概率相同，则一元分词退化成最少词切分方法。

句子切分的准确性在很大程度上取决于词语的上下文。比如，“上海银行间的拆借利率上升”，因“上海银行”后接词为“间”，这决定了“上海银行”应该切分为两个词“上海”和“银行”，而不是一个专有名词“上海银行”。

在一元分词中假设前后两个词的出现概率是相互独立的，但在实际中这不太可能。语言学家认为，一个词语的含义取决于它周围的词语。也就是说，某些词语会以很大概率经常出现在一起。比如，甜品店附近经常有咖啡馆，所以这两个词是正相关，但是很少会有人把“甜品店”和“沙县小吃”相提并论。[羡慕][嫉妒][恨]这三个词有时候会连续出现。切分出来的词序列越通顺，越有可能是正确的切分方案。N 元模型使用 n 个单词组成的序列来衡量切分方案的合理性。比如，估计单词 w_1 后出现 w_2 的概率，根据条件概率的定义 $P(w_2\mid w_1)=\frac{P(w_1,w_2)}{P(w_1)}$

可以得到 $P(w_1,w_2)= P(w_1)P(w_2|w_1)$

同理 $P(w1,w_2,w_3)= P(w_1,w_2)P(w_3|w_1,w_2)$

所以 $P(w_1,w_2,w_3)= P(w_1)P(w_2|w_1)P(w_3|w_1,w_2)$

更加一般的形式为

$$P(S)=P(w_1,w_2,\cdots,w_n)= P(w_1)P(w_2|w_1)P(w_3|w_1,w_2)\cdots P(w_n|w_1w_2\cdots w_{n-1})$$

这叫作概率的链规则。其中，$P(w_2|w_1)$表示 w_1 之后出现 w_2 的概率。如果词 w_1 和 w_2 独立出现，则 $P(w_2|w_1)$等价于 $P(w_2)$。

这样需要考虑在 n−1 个单词序列后出现的单词 w 的概率。直接使用这个公式计算 $P(S)$存在两个致命的缺陷：一是参数空间过大，不可能实用化；另外，是数据稀疏严重。例如，词汇量(V)=20000 时，可能的二元语法（bigram）组合数量有 400000000 个，可能的三元语法（trigram）组合数量有 8000000000000 个，可能的四元语法（4-gram）组合数量有 1.6×10^{17} 个。

为了解决这个问题，我们引入了马尔可夫假设：一个词的出现仅仅依赖于它前面出现的有限的一个或者几个词。

如果简化成一个词的出现仅依赖于它前面出现的一个词，那么就称为二元语法模型，即

$$P(S) = P(w_1,w_2,\cdots,w_n)= P(w_1)\ P(w_2|w_1)\ P(w_3|w_1,w_2)\cdots P(w_n|w_1w_2\ldots w_{n-1})$$

$$\approx P(w_1)\ P(w_2|w_1)P(w_3|w_2)\cdots P(w_n|w_{n-1})$$

例如，$P(S_1)= P(\text{有})P(\text{意见}|\text{有})P(\text{分歧}|\text{意见})$，如果简化成一个词的出现仅依赖于它前面出现的两个词，就称之为三元语法模型。如果一个词的出现不依赖于它前面出现的词，称为一元语法（Unigram）模型，也就是已经介绍过的概率语言模型的分词方法。

如果切分方案 S 是由 n 个词组成的序列，那么 $P(w_1)P(w_2|w_1)P(w_3|w_2)\cdots P(w_n|w_{n-1})$也是 n 项连乘积。语言模型无论采用一元语法、二元语法还是三元语法都是 n 项连乘积。只不过二元语法以上模型是条件概率的连乘积。例如：对于切分“产品和服务”来说，二元语法模型计算为 $P(\text{产品})P(\text{和}|\text{产品})P(\text{服务}|\text{和})$，三元语法模型计算为 $P(\text{产品})P(\text{和}|\text{产品})P(\text{服务}|\text{产品},\text{和})$。

因为 $P(w_i|w_{i-1})= \text{freq}(w_{i-1},w_i)/\text{freq}(w_{i-1})$，所以二元分词不仅用到二元词典，还需要用到一元词典。

概率语言模型中文分词切分过程说明如下。

（1）把输入字符串切分成句子：对一段文本进行切分，依次从这段文本中切分出一个个句子，然后对句子逐个进行分词。

（2）原子切分：对于一个句子的切分，首先是通过原子切分，将整个句子切分成一个个的原子单元（即不可再切分的形式，例如 Java 这样的英文单词可以被看成不可再切分的）。

（3）生成 n 元切分词图：根据基本词库对句子进行全切分，并且生成一个以邻接链表表示的基本词图。再根据基本词图得到 n 元词图。

（4）计算最佳切分路径：在这个词图的基础上，运用动态规划算法找出切分最佳路径。

（5）按 Lucene 和 Elasticsearch 定义的 API 输出结果。

二元切分词图简称二元词图，n 元切分词图简称 n 元词图。考虑如何得到二元词图：一个词的开始位置和结束位置组成的节点组合是二元词图中的点；前后两个词的转移概率作为边的权重。

例如，“有意见分歧”这句话中节点的组合有：{0,1}、{0,2}、{1,2}、{1,3}、{2,3}、{3,4}、{3,5}。得到的二元切分词图如图 2-2 所示。

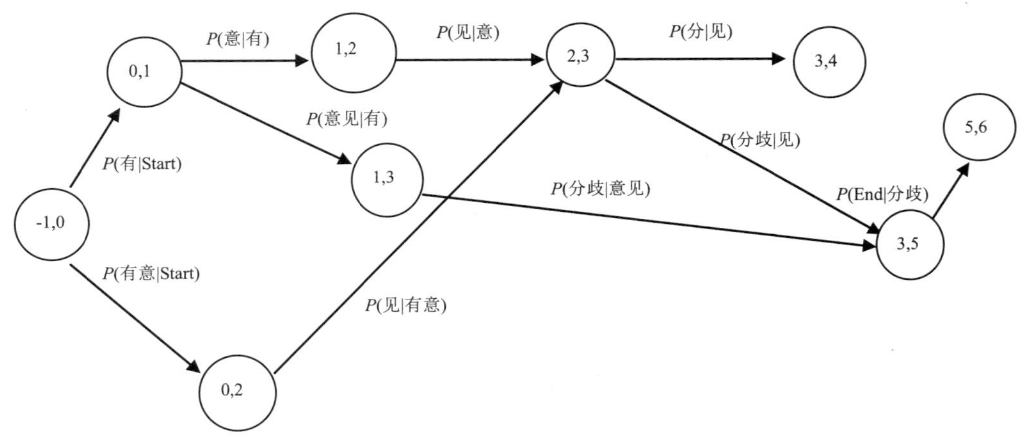

图 2-2　二元分词词图

Sqlite 数据库中存储的二元连接表的创建语句如下：

```
CREATE TABLE "BIGRAM" ("PREV" string NOT NULL DEFAULT (null) , --前一个词
"NEXT" string DEFAULT (null)                                   --后一个词
 ,"FRQ" int                                                    --二元频次
)
```

用于测试词条件概率的类：

```
public class DBBigramProb {
   Connection con;

   static double lambda1 = 0.3;        //平滑参数
   static double lambda2 = 0.7;

   public DBBigramProb() throws Exception {
      con = getSqliteConnection();
   }

   public double wordConditionalProbability(String prev,String next) {
   //条件概率
      QueryRunner runner = new QueryRunner();
      String sql = "select sum(frq) from UNIGRAM_WORD";
      Integer totalFreq = runner
            .query(con, sql, new ScalarHandler<Integer>());

      int dic_totalFreq = totalFreq;  //总频次

      int bigramFreq = getBigramFreq(prev, next);//从二元词典找二元频次

      int t1_freq = getFreq(next);
      int t2_freq = getFreq(prev);
```

```
        double wordProb = lambda1 * t1_freq / dic_totalFreq + lambda2
              * (bigramFreq / t2_freq);
        return wordProb;
    }

    private int getFreq(String t1) throws SQLException {
        QueryRunner runner = new QueryRunner();

        String sql = "select frq from UNIGRAM_WORD where WORD =?";

        Integer freq = runner.query(con, sql, new ScalarHandler<Integer>(), t1);

        if (freq == null)
          return 0;

        return freq;
    }

    private int getBigramFreq(String t2, String t1)
          throws SQLException {  //二元连接频次
        QueryRunner runner = new QueryRunner();

        String sql = "select frq from BIGRAM where PREV =? and NEXT = ?";

        Integer freq = runner.query(con, sql, new ScalarHandler<Integer>(), t2,
              t1);

        if (freq == null)
          return 0;

        return freq;
    }

    public static Connection getSqliteConnection() throws Exception {
                              //得到数据库连接
        try {
          Class.forName("org.sqlite.JDBC");
          String absolute_path_to_sqlite_db = "./dic/bigram.sqlite";
                              //二元词库
          return DriverManager.getConnection("jdbc:sqlite:"
                + absolute_path_to_sqlite_db);
        } catch (Exception e) {
          e.printStackTrace();
          return null;
        }
    }
}
```

使用这个测试类：

```
String prev = "有";
```

```
String next = "意见";

DBBigramProb bigramProb = new DBBigramProb();
double wordCondProb = bigramProb.wordConditionalProbability(prev, next);

double logProb = Math.log(wordCondProb);
System.out.println(logProb);
```

组合节点类定义如下：

```
public class Node {
   public int start;                                        //开始节点
   public int end;                                          //结束节点

   public double logProb;                                   //节点本身的概率
   public int frq;                                          //组合频次
   public double nodeProb;                                  //节点累积概率
   public Node bestPrev;                                    //最佳前驱节点

   public Node(int s, int e, int fq, double p) {            //构造方法
      start = s;
      end = e;
      frq = fq;
      logProb = p;
   }

   @Override
   public int hashCode() {
      return start ^ end;
   }

   @Override
   public boolean equals(Object o) {
      if (!(o instanceof Node)) //判断传入对象的类型
         return false;
      Node that = (Node) o;

      return (this.start == that.start && this.end == that.end);
   }

   public String toString() {
      return start + ":" + end+" frq "+frq+" logProb "+logProb;
   }
}
```

LatticeFactory 类生成词图：

```
public class LatticeFactory {
   public static TernarySearchTrie dic = null;     //词典树
   static FSTSGraph fstSeg;                        //用于原子切分的有限状态转换
```

```
        static {
            try {
                fstSeg = new FSTSGraph();
            } catch (Exception e) {
                e.printStackTrace();
            }

            dic = (new DicFileFactory()).create();      //创建词典树
            //如果要根据数据库中的表创建词典树，则使用如下语句
            //(new DicDBFactory()).create();
        }

        public static AdjList getLattice(String text) throws Exception {
            int sLen = text.length();                  //字符串长度
            AdjList g = new AdjList(sLen + 2);         //存储所有被切分的可能的词

            //原子切分
            SegScheme schema = fstSeg.seg(text);

            //用来存放前驱词的集合
            ArrayList<WordEntry> prevWords = new ArrayList<WordEntry>();

            //从前往后求出每个节点的最佳前驱节点和它的节点概率
            int fromPoint = 0;
            while (fromPoint >= 0) {
                int start = schema.startPoints.nextSetBit(fromPoint);      //开始点
                int end = schema.endPoints.nextSetBit(fromPoint + 1);     //结束点

                fromPoint = schema.startPoints.nextSetBit(start + 1);

                //从词典中查找前驱词的集合
                boolean match = dic.matchAll(text, start, prevWords,
                        schema.endPoints);

                if (!match) {
                    //词典中找不到对应的词,则返回开始点和结束点之间的字符串
                    String word = text.substring(start, end);
                    prevWords.add(new WordEntry(word, 1));
                    Node newEdge = new Node(start, start + word.length(),1,
                            Math.log((double) 1 / dic.n));
                    g.addEdge(newEdge);       //词图增加边
                } else {
                    for (WordEntry w : prevWords) {  //遍历找到的每个词
                        Node newEdge = new Node(start, start + w.word.length(),w.
freq,
                                Math.log((double) w.freq / dic.n));
                        g.addEdge(newEdge);  //词图增加边
                    }
                }
```

```
        }

        return g;
    }
}
```

Segmenter.bestPrev()方法从后往前计算词图中每个节点的最佳前驱节点：

```
public static AdjList bestPrev(AdjList wordGraph) throws Exception {
    for (Node currentNode : wordGraph) { //从前往后遍历切分词图中的每个节点

        //得到当前节点的前驱节点集合
        NodeLinkedList prevNodes = wordGraph.prevNodes(currentNode);

        double nodeProb = minValue;          //候选词概率
        Node minNode = null;
        if (prevNodes == null) {
            currentNode.nodeProb = 0;
            continue;
        }
        for (Node prevNode : prevNodes) {
            double currentProb = transProb(prevNode, currentNode) //转移概率
                    + prevNode.nodeProb;      //前一个节点的节点概率

            if (currentProb > nodeProb) {
                nodeProb = currentProb;
                minNode = prevNode;
            }
        }
        currentNode.bestPrev = minNode;      //设置当前节点的最佳前驱节点
        currentNode.nodeProb = nodeProb;     //设置当前节点的节点概率
    }

    return wordGraph;
}
```

二元分词方法切分文本的代码如下：

```
public static List<String> split(String text) throws Exception {
    AdjList wordGraph = LatticeFactory.getLattice(text);   //得到词图
    bestPrev(wordGraph);                              //从后往前计算最佳前驱节点
    ArrayDeque<Node> seq = new ArrayDeque<Node>();        //切分出来的节点序列
    //从后向前找最佳前驱节点
    for (Node t = wordGraph.endNode.bestPrev; t.start > -1; t = t.bestPrev) {
        seq.addFirst(t);
    }
    //根据最佳前驱节点数组回溯求解词序列
    return bestPath(text, seq);
}
```

测试分词的代码如下：

```
String sentence = "中国成立了";
```

```
List<String> ret = Segmenter.split(sentence);
System.out.println("切分结果 ");
for (String word : ret) {
   System.out.print(word+" / ");
}
```

2.5　隐马尔可夫模型

可以使用隐马尔可夫模型（hidden markov model，HMM）实现词性标注。

2.5.1　数据基础

词典要能够识别每个词可能的词性。例如，可以根据词性编码在文本文件 n.txt 中存放名词，在文本文件 v.txt 中存放动词，在文本文件 a.txt 中存放形容词，等等。例如，v.txt 的内容如下：

```
欢迎
迎接
```

可以把这些按词性分放到不同文件的词表合并成一个大的词表文件，每行一个词和对应的一个词性。例如：

```
把:p
把:q
```

如果把词表放到数据库中，则设置词和词性两列。为了避免重复插入词，词和词性联合作为主键。

```
CREATE TABLE "AI_BASEWORDS" ("WORD" string NOT NULL , --词
 "PARTSPEECH" string,  --词性
 "FRQ" int, --词频
 "PINYIN" string) --拼音
```

从 MySQL 数据库读出词的代码如下：

```
TernarySearchTrie dic = new TernarySearchTrie();

Connection conn = getConnect();        //得到数据库连接

String sql = "SELECT WORD,PARTSPEECH,FRQ from AI_BASEWORD";
Statement stmt = conn.createStatement();
ResultSet rs = stmt.executeQuery(sql);

while (rs.next()) {
   String word = rs.getString(1);
```

```
        String pos = rs.getString(2);
        int frq = rs.getInt(3);

        if(frq<=0) {
            System.out.println("词频错误 "+word +" frq "+frq);
            frq = 1;
        }

        dic.addWord(word, pos,frq);   //增加词表到词典树
        dic.n +=frq;                  //总频次
    }

    conn.close();
```

2.5.2 维特比算法

解决标注歧义问题最简单的一种方法是从单词所有可能的词性中选出这个词最常用的词性作为这个词的词性，也就是一个概率最大的词性，比如“改革”大部分时候作为一个名词出现，那么可以机械地把这个词总是标注成名词，但是这样标注的准确率会比较低，因为只考虑了频率特征。

考虑词所在的上下文可以提高标注的准确率。一般，在动词后接名词的概率很大。例如，“推进/改革”中的“推进”是动词，所以后面的“改革”很有可能是名词。这样的特征叫作上下文特征。

隐马尔可夫模型和基于转换的学习方法是两种常用的词性标注方法。这两种方法都整合了频率和上下文两方面的特征来取得好的标注结果。具体来说，隐马尔可夫模型同时考虑到了词的生成概率和词性之间的转移概率。

很多生物也懂得同时利用两种特征信息。例如，箭鼻水蛇是一种生活在水中以吃鱼或虾为生的蛇。它是唯一一种长着触须的蛇类。箭鼻水蛇最前端的触须能够感触非常轻微的变动，这表明它可以感触鱼类移动时产生的细微水流变化。在光线明亮的环境中，箭鼻水蛇能够通过视觉捕食小鱼。因此，它能够同时利用触觉和视觉，即通过光线的变化和水流的变化信息来捕鱼。

词性标注的任务是：给定词序列 $W=w_1,w_2,\cdots,w_n$，寻找词性标注序列 $T=t_1,t_2,\cdots,t_n$，使得 $P(t_1,t_2,\cdots,t_n|w_1,w_2,\cdots,w_n)$这个条件概率最大。

例如，词序列是：[他] [会] [来]这句话。为了简化计算，假设只有词性：代词（r）、动词（v）、名词（n）和方位词（f）。这里：[他]只可能是代词，[会]可能是动词或者名词，而[来]可能是方位词或者动词。所以有 4 种可能的标注序列。需要比较：P(r,v,v|他,会,来)、P(r,n,v|他,会,来)、P(r,v,f|他,会,来)和 P(r,n,f|他,会,来)，发现 P(r,v,v|他,会,来)是这 4 个概率中最大的，所以选择词性标注序列[r,v,v]。

使用贝叶斯公式重新描述这个条件概率：

$$P(t_1,t_2,\cdots,t_n)P(w_1,w_2,\cdots,w_n|t_1,t_2,\cdots,t_n)/P(w_1,w_2,\cdots,w_n)$$

忽略掉分母 $P(w_1,w_2,\cdots,w_n)$。

$$P(t_1,t_2,\cdots,t_n)= P(t_1)P(t_2|t_1)P(t_3|t_1,t_2)\cdots P(t_n|t_1t_2\cdots t_{n-1})$$

做独立性假设，使用 n 元模型近似计算 $P(t_1,t_2,\cdots,t_n)$。例如使用二元语法模型，则有

$$P(t_1,t_2,\cdots,t_n)\approx\prod_{i=1}^{n}P(t_i\mid t_{i-1})$$

近似计算 $P(w_1,w_2,\cdots,w_n|t_1,t_2,\ \cdots,t_n)$：假设一个类别中的词独立于它的邻居，则有

$$P\left(w_1,w_2,\cdots,w_n\mid t_1,t_2,\cdots,t_n\right)\approx\prod_{i=1}^{n}P(w_i\mid t_i)$$

寻找最有可能的词性标注序列实际的计算公式为

$$P(t_1,t_2,\cdots,t_n)P(w_1,w_2,\cdots,w_n|t_1,t_2,\cdots,t_n)\approx\prod_{i=1}^{n}P(t_i\mid t_{i-1})P(w_i\mid t_i)$$

因为词是已知的，所以这里把词 w 称为显状态。因为词性是未知的，所以把词性 t 称为隐状态。条件概率 $P(t_i|t_{i-1})$称为隐状态之间的转移概率。条件概率 $P(w_i|t_i)$称为隐状态到显状态的发射概率，也称为隐状态生成显状态的概率。注意，不要把 $P(w_i|t_i)$算成 $P(t_i|w_i)$。

因为出现某个词性的词可能很多，所以对很多词来说，发射概率 $P(w_i|t_i)$往往很小。而词性往往只有几十种，所以转移概率 $P(t_i|t_{i-1})$往往比较大。就好像这世界有各种各样的动物，在所有的动物中，正好碰到啄木鸟的可能性比较小。

使用 byte 类型表示一个词性，定义词性的 POS 类实现如下：

```
public class POS {
   public final static byte start = 0;         //开始
   public final static byte end = 1;           //结束
   public final static byte a = 2;             //形容词
   public final static byte ad = 3;            //副形词
   public final static byte ag = 4;            //形语素
   public final static byte an = 5;            //名形词
   public final static byte b = 6;             //区别词
   public final static byte c = 7;             //连词
   public final static byte d = 8;             //副词
   public final static byte dg = 9;            //副语素
   public final static byte e = 10;            //叹词
   public final static byte f = 11;        //方位词
   public final static byte g = 12;        //语素
```

```
    public final static byte h = 13;        //前接成分
    public final static byte i = 14;        //成语
    public final static byte j = 15;        //简称略语
    public final static byte k = 16;        //后接成分
    public final static byte l = 17;        //习用语
    public final static byte m = 18;        //数词
    public final static byte n = 19;        //名词
    public final static byte ng = 20;       //名语素
    public final static byte nr = 21;       //人名
    public final static byte ns = 22;       //地名
    public final static byte nt = 23;       //机构团体
    public final static byte nx = 24;       //字母专名
    public final static byte nz = 25;       //其他专名
    public final static byte o = 26;        //拟声词
    public final static byte p = 27;        //介词
    public final static byte q = 28;        //量词
    public final static byte r = 29;        //代词
    public final static byte s = 30;        //处所词
    public final static byte t = 31;        //时间词
    public final static byte tg = 32;       //时语素
    public final static byte u = 33;        //助词
    public final static byte ud = 34;       //结构助词
    public final static byte ug = 35;       //时态助词
    public final static byte uj = 36;       //结构助词的
    public final static byte ul = 37;       //时态助词了
    public final static byte uv = 38;       //结构助词地
    public final static byte uz = 39;       //时态助词着
    public final static byte v = 40;        //动词
    public final static byte vd = 41;       //副动词
    public final static byte vg = 42;       //动语素
    public final static byte vn = 43;       //名动词
    public final static byte w = 44;        //标点符号
    public final static byte x = 45;        //非语素字
    public final static byte y = 46;        //语气词
    public final static byte z = 47;        //状态词
    public final static byte unknow = 48; //未知
}
```

存储词的转移频次的 POSTransFreq.txt 文件内容如下：

```
start:uj:1
start:v:5230
start:vd:4
start:vg:54
```

```
start:vn:440
start:w:5047
start:y:2
start:z:58
a:end:173
a:a:833
a:ad:8
a:ag:6
a:an:127
a:b:62
a:c:451
a:d:296
a:dg:2
a:f:84
a:i:13
a:j:80
a:k:4
a:l:125
a:m:896
```

Tagger 类中的属性如下：

```
//转移频次
private int[][] transFreq = new int[POS.names.length][POS.names.length];
//每个词性的频次
private int[] typeFreq = new int[POS.names.length];
private int totalFreq;                                  //所有词的总频次
```

读取 POSTransFreq.txt 文件，得到类型频次和转移频次的代码如下：

```
String transFrq = "./dic/POSTransFreq.txt";
InputStream file = new FileInputStream(new File(transFrq));

BufferedReader read = new BufferedReader(new InputStreamReader(
      file, "GBK"));

String line = null;

while ((line = read.readLine()) != null) {
   StringTokenizer st = new StringTokenizer(line, ":");
   int pre = POS.values.get(st.nextToken());      //前面的词类
   int next = POS.values.get(st.nextToken());     //后面的词类
   int frq = Integer.parseInt(st.nextToken());    //词频
   transFreq[pre][next] = frq;                    //转移频次
   typeFreq[next] += frq;                         //类型频次
   totalFreq += frq;
   //如果有从开始类型到其他类型的转移频次，就把这样的转移频次计入开始频次的类型频次
   if (pre == 0) {
      typeFreq[0] += frq;
   }
}
read.close();
```

为了避免乘积项为零，平滑转移概率的公式为

$$P(t_i \mid t_j) = \lambda_1 \frac{\text{Freq}(t_j,t_i)}{\text{Freq}(t_j)} + \lambda_2 \frac{\text{Freq}(t_j)}{\text{Freq(total)}}$$

这里，取 λ_1=0.9， λ_2=0.1。

根据平滑公式计算转移概率的 getTransProb()方法实现如下：

```
/**
 * 计算上一个到下一个词的转移概率
 * @param curState
 *            前一个词性
 * @param toTranState
 *            后一个词性
 * @return
 */
public double getTransProb(byte curState, byte toTranState) {
   return Math.log((0.9 * transFreq[curState][toTranState]
         / typeFreq[curState] + 0.1 * typeFreq[curState] / totalFreq));
}
```

2.6 英文文本切分与标注

这里首先介绍英文句子切分的方法，然后介绍英文词性标注。

2.6.1 句子切分

英文句子切分并不是一个简单的问题。标点符号“?”和“!”的含义比较单一。但是“.”有很多种不同的用法，并不一定是句子的结尾。例如：“Mr. Vinken is chairman of Elsevier N.V.,the Dutch publishing group.”需要排除掉一部分情况。如果“.”是某个短语中间的一部分，则它不是句子的结尾。这里的“Mr. Vinken”是一个人名短语。如果这个人名正好不在词典中，则可以根据上下文识别规则识别出这个短语。

```
    String text= "Mr. Vinken is chairman of Elsevier N.V., the Dutch publishing
group.";
    EnText enText = new EnText(text);
    for(Sentence sent:enText){
       System.out.println(sent); //因为输入的是一个句子,所以这里只会打印出一个句子
    }
```

Java 中的 BreakIterator 类已经包含了切分句子的功能。用它实现一个英文句子迭代器：

```
private final static class SentBreakIterator implements Iterator<Sentence> {
   String text;
   int start;
   int end;
   //根据英文标点符号切分
   static final BreakIterator boundary = BreakIterator
        .getSentenceInstance(Locale.ENGLISH);

   public SentBreakIterator(String t) {
      text = t;
      //设置要处理的文本
      boundary.setText(text);
      start = boundary.first(); //开始位置
      end = boundary.next();
   } //用于迭代的类

   @Override
   public boolean hasNext() {
      return (end != BreakIterator.DONE);
   }

   @Override
   public Sentence next() {
      String sent = text.substring(start, end);

      Sentence sentence = new Sentence(sent, start, end);
      start = end;
      end = boundary.next();
      return sentence;
   }
}
```

BreakIterator 分得不太准确。所以我们自己写一个句子切分器。输入当前切分点，找下一个切分点的代码如下：

```
public static int nextPoint(String text, int lastEOS) {
   int i = lastEOS;
   while (i < text.length()) {
      //跳过短语
      i = skipPhrase(text, i);

      //然后再找标点符号
      String toFind = eosDic.matchLong(text, i); //匹配标点符号词典
      if (toFind != null) {
         //判断是否有效的可切分点。例如，在括号中的标点符号不是有效的可切分点
         boolean isEndPoint = isSplitPoint(text, lastEOS, i);
         if (isEndPoint) {
             return i + toFind.length();
         }
```

```
            i = i + toFind.length();
        } else { //没找到
            i++;
        }
    }
    return text.length(); //返回最大长度
}
```

SentIterator 是一个用于迭代英文文本返回句子的内部类，实现代码如下：

```
private final static class SentIterator implements Iterator<Sentence> {
    String text;
    int lastEOS = 0;

    public SentIterator(String t) {
        text = t;
    }

    @Override
    public boolean hasNext() {
        return (lastEOS < text.length());
    }

    @Override
    public Sentence next() {
        int nextEOS = EnSentenceSpliter.nextPoint(text, lastEOS);
        String sent = text.substring(lastEOS, nextEOS);
        Sentence sentence = new Sentence(sent, lastEOS, nextEOS);
        lastEOS = nextEOS;
        return sentence;
    }
}
```

2.6.2 标注词性

一段英文：Cats never fail to fascinate human beings. They can be friendly and affectionate towards humans,but they lead mysterious lives of their own as well.

标注词性后的结果是：

```
    Cats(n.) never fail(v.) to(prep) fascinate(v.) human(n.) beings(n.).
They(pron.) can(aux.) be(v.) friendly(adj.) and(conj.) affectionate(adj.)
towards(prep) humans(n.) but(conj.) they(n.) lead(v.) mysterious(adj.) lives(n.)
of(prep.) their(n.) own(n.) as well(adv.).
```

这里用编码来表示词性。括号中的输出是词性编码。汉语中的量词是英语中没有的，例如件、个、艘。英语中也有一些独有的词性，例如冠词 a、an、the。英文词性编码表如表 2-2 所示。

表 2-2 英文词性编码表

代　码	名　称
n	名词
adj	形容词
adv	副词
art	冠词
pos	所有格
pron	代词
aux	情态助动词
conj	连接词
v	动词
num	数词
prep	介词
punct	标点符号
int	感叹词

词性标注的流程图如图 2-3 所示。

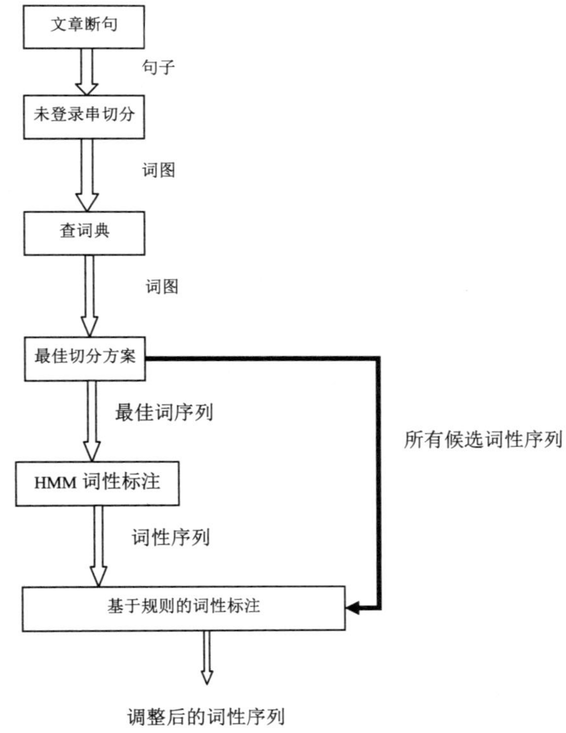

图 2-3 词性标注流程图

关于利用隐马尔可夫模型做词性标注在中文词性标注实现中已经介绍过了。英文词性标注语料库和中文词性标注语料库不同。

标注规则例如 I like it 对应的词性序列[r v r]。

```
key = new ArrayList<PartOfSpeech>();
key.add(PartOfSpeech.pron);  //I
key.add(PartOfSpeech.v);     //like
key.add(PartOfSpeech.pron);  //it
posTrie.addProduct(key);
```

实现代码：

```
public static ArrayList<WordToken> getWords(Sentence sent){
   ArrayList<WordTokenInf> words = Segmenter.seg(sent); //先分词
   WordType[] tags = g.tag(words); //然后标注词性

   //再把词性和词本身结合起来，返回完整的词性标注结果
   int i=0;
   ArrayList<WordToken> tokens = new ArrayList<WordToken>();

   for(WordTokenInf w:words){
     WordToken t = new WordToken(w.baseForm,w.termText,w.start,w.end,tags[i]);

      ++i;
      tokens.add(t);
   }

   return tokens;
}
```

2.7 命名实体识别

命名实体识别包括人名识别、地名识别和机构名识别等。因人名、地名和机构名的识别方法基本相同，故本书主要介绍人名识别。

2.7.1 人名识别

中文文本中的未登录人名包括中国人名和外国译名以及日本人名等。例如，“彭帅、郑洁 1：2 不敌阿根廷选手杜尔科和意大利选手佩内塔”，其中包括中国人名{彭帅、郑洁}，还有外国人名“杜尔科”和“佩内塔”。

英文人名的全名是由 first name，middle name 和 last name 三部分组成的，其中 middle name 的主要目的只是为了防止重名，一般生活中会省略中间名。

对于没有能够根据词典与相邻字组成 2 个字以上词的字符，切分出来的结果称为切分碎片。例如，“素与杨宝森先生交好”，如果“杨宝森”这个词不在词典中，则切分出来的结果是：“素/与/杨/宝/森/先生/交好”。

人名往往在切分碎片中，但是也有特例：

- 人名内部相互成词。指姓与名、名与名之间本身就是一个已经被收录的词。例如，[王国]维、[高峰]、[汪洋]、张[朝阳]、冯[胜利]。
- 人名与其上下文组合成词。例如，“这里[有关]天培的壮烈”。

对识别人名有用的信息：

- 人名所在的上下文。例如：“**教授”，这里“教授”是人名的下文；“邀请**”，这里“邀请”是人名的上文。
- 人名本身的概率。例如：不依赖上下文，直观地来看，“刘宇”可能是个人名，而“史光”不太可能是个人名。若采用未登录词的概率作为这种可能性的衡量依据，则“刘宇”作为人名的概率是：“刘宇”作为人名出现的次数/人名出现的总次数。怎么算当前这个人名的出现概率？用姓的概率×名字的概率。

2.7.2 人名识别规则

人名识别有一些规则，例如“让<nr>和<nr>一起”。

分析中国人名所在的上下文，表明身份的词有：

- 出现在人名之前的词：工人、教师、影星、犯人。
- 出现在人名之后的词：先生、同志。
- 既可能出现在前面，也可能出现在后面的词：校长、经理、主任、医生。

地名或机构名往往出现在人名之前，例如：静海县大丘庄禹作敏。

“的”字结构往往出现在人名之前，例如：年过七旬的王贵芝。

有的动作词出现在人名之前，例如：批评，逮捕，选举。有的动作词出现在人名之后，例如：说，表示，吃，结婚。

未登录人名识别过程是：首先从输入串找所有可能的人名，然后再按照 N 元模型做分词，过滤候选人名。例如输入串原文是：程正泰的父亲是一位京剧票友，素与杨宝森先生交好。从中提取出候选人名{程正泰,杨宝,杨宝森}，把候选人名“杨宝”过滤掉。

识别候选人名的两层信息：底层是组成未登录姓名的单字特征和上下文词特征，特征串作为一个整体的搭配。

未登录中国人名相关的特征见表 2-3。

最容易想到的方法是：先找姓，然后找名。但有的未登录姓名只有名字，没有姓。

表 2-3　未登录中国人名相关的特征

编　号	特　征	举　例
1	姓	张/nr　卫涛/nr
2	双名首字	张/nr　卫涛/nr
3	双名尾字	张/nr　卫涛/nr
4	单名	赵/nr　红/nr
11	上文	主席/n　李/nr　贤哲/nr
12	下文	李/nr　贤哲/nr　首先/d
13	同时做上文和下文	李/nr　贤哲/nr　和/d　陈/nr　涛/nr

把人名特征存放在 nr.txt 文本中。根据特征词表 nr.txt 对输入串全切分，形成人名特征词图。采用邻接链表（AdjList）存储切分结果。也就是说，用邻接链表表示人名特征词图。例如输入串“我爸是李刚”组成的特征词图如图 2-4 所示。

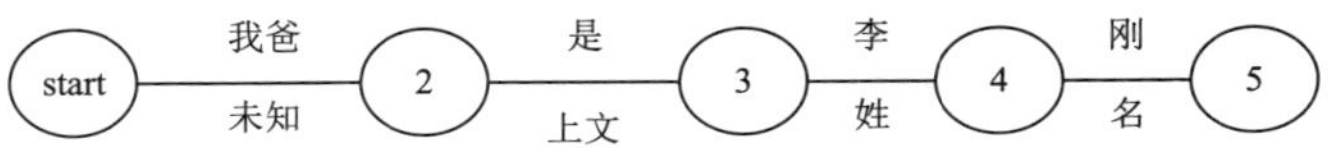

图 2-4　人名特征词图

根据特征序列识别出人名。例如：我爸叫李刚。这里[动词,姓,名,标点符号]组成了一个包含中国人名的特征序列。把[动词,姓,名,标点符号]称为一个识别规则。可以根据这个识别规则识别出“李刚”这个人名。这个规则的完整形式是：

$$\text{动词}\quad\text{中国人名}\quad\text{标点符号} \Longrightarrow \text{动词}\quad\text{姓}\quad\text{名}\quad\text{标点符号}$$

例如有一条识别规则[姓氏,单名,下文]，用特征编号序列表示是[1,4,12]。

一个词可以同时是两种类型。例如“彭帅、郑洁 1∶2 不敌阿根廷选手杜尔科和意大利选手佩内塔”这句话，这里的[、]既是[彭帅]这个人名的下文，[、]也是[郑洁]这个人名的上文。

因为未登录人名往往在分词结果中出来的是切分碎片，所以最简单的方法是把分词结果再标注一次人名特征，如图 2-5 所示。其中的人名特征用编号表示。

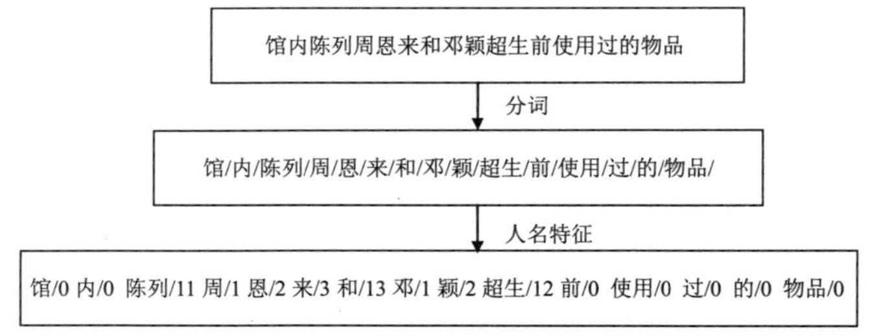

图 2-5　从分词序列中找人名特征

因为“超生”形成了一个词，所以用词序列只能识别出“邓颖”这样的人名，无法正确的识别出“邓颖超”，所以用人名特征专用的词图，如图 2-6 所示。也就是说，用存放在 nr.txt 中的人名特征词切分出人名特征词图。

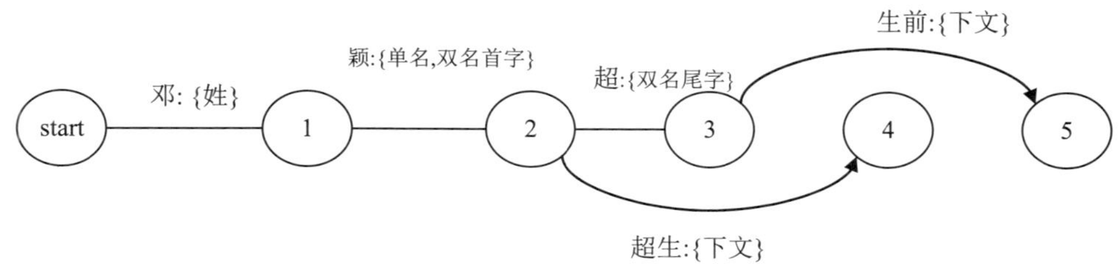

图 2-6 “邓颖超生前”特征词图

在图 2-6 所示的切分特征图里找到人名的识别规则序列[1,2,3,12]，找到后就能把“邓颖超”识别成一个人名。也就是从特征词图找到[邓,颖,超,生前]对应的特征序列[姓氏,双名首字,双名尾字,下文]。

首先有一些和识别未登录词相关的特征词表，然后输入串根据特征词表形成特征词图。最后根据未登录词识别规则从特征词图中找候选未登录词。

人名规则，例如[姓+名]，类似的规则还有很多，所以可用有限状态自动机求交集的方法同时找出所有可能的人名。存在一个句子中的人名特征词图，还有一个是由规则树组成的检索树（trie tree）。人名特征词图（也就是一个 AdjList 的实例）相当于一个 DFA，规则树组成的检索树相当于另外一个 DFA。找候选人名相当于对这两个 DFA 求交集。

在特征词序列上识别人名，不是在原始的字符上识别人名。特征词类型定义成为枚举类型：

```
public enum PersonType {
   preContext,        //上下文中的上文，例如，邀请**
   postContext,       //上下文中的下文，例如，**说
   surName,           //姓
   singleName,        //单名
   doubleName1,       //双名第一个字
   doubleName2        //双名第二个字
}
```

例如：[老生] [虞] [子] [期] [小生]。这里的[老生]是 preContext，而[小生]则是 postContext。

人名识别规则有很多，所以用标准检索树存储规则。例如，有规则[1,4,12]，[11,1,2,3]，[11,1,4,12]，如图 2-7 所示。

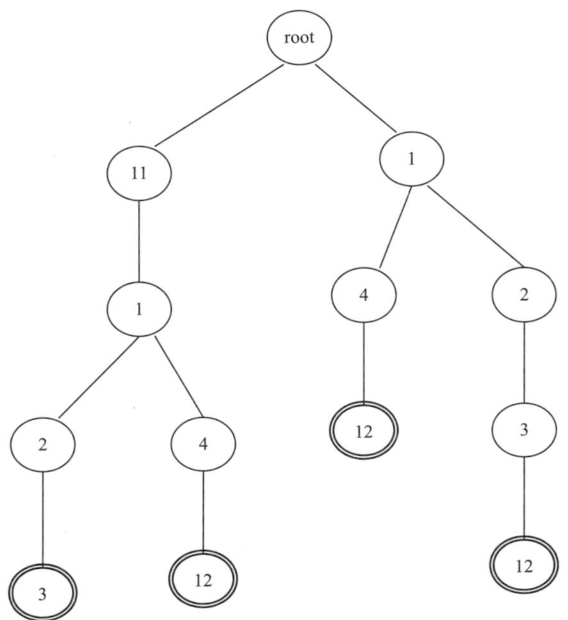

图 2-7　人名识别规则组成的标准检索树

一条规则中可能有多个人名，例如“李/nr 鹏/nr 和/d 江/nr 泽民/nr”对应一个复杂的规则：[1,4,13,1,2,3]。

定义标准检索树的节点：

```
public class TrieNode{
   private PersonType nodeKey;                    //键
   private ArrayList<NameSpan> nodeValue;         //值
   private boolean terminal;                      //标志这个节点是否可以结束的节点
   private Map<PersonType, TrieNode> children =
              new HashMap<PersonType, TrieNode>();  //引用到所有的孩子节点
}
```

所以可以通过匹配规则来识别未登录词。为了实现同时查找多个规则，可以把右边的模式组织成检索树，左边的模式作为节点属性。

NameSpan 用来指定一个区间，就是合并多长的未登录词语素成为一个未登录词。识别规则的左边部分就是一个 NameSpan 序列，而识别规则的右边部分就是一个 PersonType 序列。规则检索树的实现如下：

```
public class Trie {
   public TrieNode rootNode = new TrieNode(); //根节点
```

```
    //放入键/值对
    public void addProduct(ArrayList<PersonType> key, ArrayList<NameSpan> lhs)
{
        TrieNode currNode = rootNode;              //当前节点
        for (int i = 0; i < key.size(); ++i) {  //从前往后找键中的类型
          PersonType c = key.get(i);
          Map<PersonType, TrieNode> map = currNode.getChildren();
          currNode = map.get(c);                   //向下移动当前节点
          if (currNode==null) {
              currNode = new TrieNode();
              map.put(c, currNode);                //孩子放入散列表
          }
        }
        currNode.setTerminal(true);                //设置成可以结束的节点
        currNode.setNodeValue(lhs);                //设置值
    }

    //根据键查找对应的值，也就是根据右边的 PersonType 序列看有没有对应的识别规则
    public ArrayList<NameSpan> find(ArrayList<PersonType> key) {
        TrieNode currNode = rootNode;              //当前节点
        for (int i = 0; i < key.size(); ++i) {  //从前往后找键中的类型
          PersonType c = key.get(i);
          currNode = currNode.getChildren().get(c);//向下移动当前节点
          if (currNode==null) {
              return null;
          }
        }
        if (currNode.isTerminal()) {               //是结束节点
          return currNode.getNodeValue();
        }
        return null;                               //没找到
    }
}
```

把规则加入到规则检索树的代码如下：

```
//构造规则的右部分：人名上文 姓氏 + 单人名
rhs = new ArrayList<PersonType>();
rhs.add(PersonType.preContext);       //人名上文
rhs.add(PersonType.surName);          //姓氏
rhs.add(PersonType.singleName);       //单名
//构造规则的左部分：人名上文之后是姓名
lhs = new ArrayList<NameSpan>();
lhs.add(new NameSpan(1, 2, PersonType.name)); //姓氏 和 单人名 组成完整的人名
rules.addProduct(rhs, lhs);           //把人名识别规则加入规则库
```

从特征词图中找规则检索树上可以匹配上的规则。也就是说，在特征词图上有一条路径正好也是可以在规则检索树上从开始走到结束节点。例如，图 2-8 中左边的特征词图状

态 0 接收输入“姓”以后转换到状态 1，状态 0 接收输入“上文”以后转换到状态 2。状态 1 和状态 2 被映射到右边的规则检索树，因为右边的规则检索树也存在从开始状态接收输入“姓”以后转换到一个新状态，从开始状态接收输入“上文”以后转换到另外一个新状态。

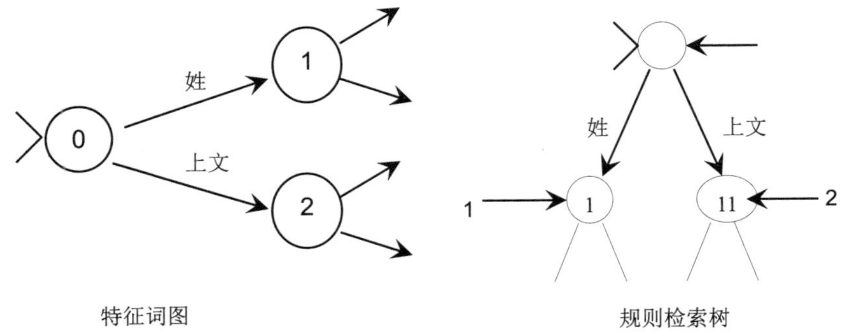

图 2-8　从人名特征词图上找匹配规则

把特征词图中的当前状态叫作 s_1，规则检索树的当前状态称为 s_2。状态 s_1 和 s_2 组成一个当前状态对（s_1, s_2）。例如，图 2-8 存在状态对（1,1）和（2,11）。

当前状态对 StatePair 类的部分代码如下：

```
public static class StatePair {
   int s1;  //特征词图中的当前状态编号
   TrieNode s2; //规则检索树的当前状态节点
}
```

在每个当前状态对中，都对状态 s_1 和 s_2 的所有可能接收的输入求交集。从特征词图找规则序列的每一步都要找输入交集，也就是求词图和规则树中的 PersonType 的交集。其实现代码如下：

```
public static class NextInput {  //有限状态自动机中的下一个输入
      int end;                   //词的结束位置，词图中下一个状态对的依据
      PersonType type;           //经过的类型，规则树中下一个状态对的依据
      String term;               //经过的词
}
```

UnknowGrammar 类的 intersection()方法的实现代码如下：

```
/**
 * 取得词图和规则树都可以向前进的步骤
 * @param edges  词图上的边
 * @param s 规则树上的类型
 * @return 共同的有效输入
 */
public ArrayList<NextInput> intersection(EntityLinkedList edges,
```

```
                                   Set<PersonType> s) {
    ArrayList<NextInput> tmp = new ArrayList<NextInput>();
    for (EntityTokenInf x : edges) {
        if (x.data == null)
            continue;
        for (EntityTypes.EntityTypeInf typeInf : x.data) {
            if (s.contains(typeInf.pos)) {  //规则树上的类型包含词所属的类型
                tmp.add(new NextInput(x.end, typeInf.pos, x.termText));
            }
        }
    }
    return tmp;
}
```

找出人名相关的序列，也就是把词图映射到检索树上。

```
public static class MatchValue {
    ArrayList<NameSpan> left;       //规则的左边部分
    ArrayList<PersonType> right;    //规则的右边部分
    ArrayList<String> term;         //对应的词序列
}
```

词图中的每个节点都可能有几条路径通过，但只保留那些能走到底的路。查找过程的输入是特征词图开始找的位置，返回多个可能的识别规则的 UnknowGrammar.intersect()方法实现如下：

```
/**
 * 词图映射到检索树上，也就是从词图指定位置开始找识别规则
 * @param g 人名特征词图
 * @param offset 开始位置
 * @return  匹配结果
 */
public ArrayList<MatchValue> intersect(AdjList g, int offset) {
    ArrayList<MatchValue> match = new ArrayList<MatchValue>(); //映射结果
    Stack<StatePair> stack = new Stack<StatePair>(); //存储遍历状态的堆栈
    ArrayList<PersonType> path = new ArrayList<PersonType>();  //类型序列
    ArrayList<String> term = new ArrayList<String>();  //人名特征词序列

    stack.add(new StatePair(path, offset, rules.rootNode, term));
    while (!stack.isEmpty()) { //堆栈内容不是空
        StatePair stackValue = stack.pop(); //弹出堆栈

        //取出图中当前节点对应的边
        EntityLinkedList edges = g.edges(stackValue.s1);

        //取出树中当前节点对应的类型
        Set<PersonType> types = stackValue.s2.getChildren().keySet();
        ArrayList<NextInput> ret = intersection(edges, types);
        if (ret == null)
```

```
            continue;
        for (NextInput edge : ret) { //遍历每个有效的输入
            //向下遍历树
            TrieNode state2 = stackValue.s2.getChildren().get(edge.type);
            //向前遍历图上的边
            int end = edge.end;
            if (state2 != null) {
                ArrayList<PersonType> p = new ArrayList<PersonType>(
                        stackValue.path);
                p.add(edge.type);

                ArrayList<String> t = new ArrayList<String>(stackValue.term);
                t.add(edge.term);

                stack.add(new StatePair(p, end, state2, t)); //压入堆栈
                if (state2.isTerminal()) { //是可以结束的节点
                    match.add(new MatchValue(state2.getNodeValue(), p, t));
                }
            }
        }
    }

    return match;
}
```

特征词图的每个节点开始向后找规则。

```
UnknowGrammar unknowGrammar = UnknowGrammar.getInstance();

for (int i = 0; i < atomCount; ++i) {
   //从特征词图指定位置开始求交集
   ArrayList<MatchValue> match = unknowGrammar.intersect(g, i);
   //处理找到的未登录词
}
```

为“程正泰的父亲是一位京剧票友，素与杨宝森先生交好。”准备识别模板：

```
UnknowGrammar g = new UnknowGrammar();
String right =
"<Begin><surName>{surName}<doubleName1>{doubleName1}<doubleName2>{doubleN
ame2}的父亲是一位";                              //匹配人名的规则
String handlerName = "PersonNamesd1d2";   //处理器名
g.add(handlerName, right);                //人名处理器
```

表示文本中的人名的 PersonToken 类定义如下：

```
public class PersonToken {
    public String person;                 //人名
    public int start;                     //开始位置

    public PersonToken(String person, int start) {
        this.person = person;
```

```
        this.start = start;
    }
}
```

存储提取参数的 PairListPersonToken 类：

```
public class PairListPersonToken {
   List<Map.Entry<String,PersonToken>> args;  //存储类型和对应的 PersonToken

   public PairListPersonToken() {
      args = new ArrayList<Map.Entry<String,PersonToken>>();
   }

   public void add(String k,PersonToken v){   //增加键和对应的值
      Map.Entry<String,PersonToken> entry =
              new AbstractMap.SimpleEntry<String, PersonToken>(k, v);
      args.add(entry);
   }

   public PersonToken getFirst(String key){   //取得第一个键对应的值
      for(Map.Entry<String,PersonToken> e:args) {
        if(e.getKey().equals(key)) {
            return e.getValue();
        }
      }
      return null;
   }
}
```

提取人名的代码如下：

```
String text ="程正泰的父亲是一位京剧票友，素与杨宝森先生交好。";        //文法提取器
GrammarExtractor unknowFind = new GrammarExtractor();
List<PersonToken> result = unknowFind.extract(text);              //提取结果
System.out.println(result);
```

2.8　文本归一化

为了把日期和事件联系起来，可以归一化日期。

例如：

```
King George VI of England died on Feb 6, 1952.
```

可以转换成：

```
King George VI of England died on February 6, 1952.
```

归一化是识别数字、缩写、首字母缩略词和惯用语的过程，并根据需要将它们转换为全文。

想要识别的绝对日期将采用以下模式的规范化形式：

- 18 Feb 1997 → 1997/02/18
- 20th of July → XXXX/07/20
- 1992 → 1992

2.9 依存树模型

可以使用依存语言模型来建模单词之间的句法依赖关系。

使用依存文法构建依存语言模型。依存文法认为词之间的关系是有方向的，通常是一个词支配另一个词，这种支配与被支配的关系就称作依存关系，而且包括汉语和英语的大多数语言满足投射性。所谓投射性是指：如果词 p 依存于词 q，那么 p 和 q 之间的任意词 r 就不能依存到 p 和 q 所构成的跨度之外。

例如，汉语句子“这是一本书。”的依存文法结构如图 2-9 所示。

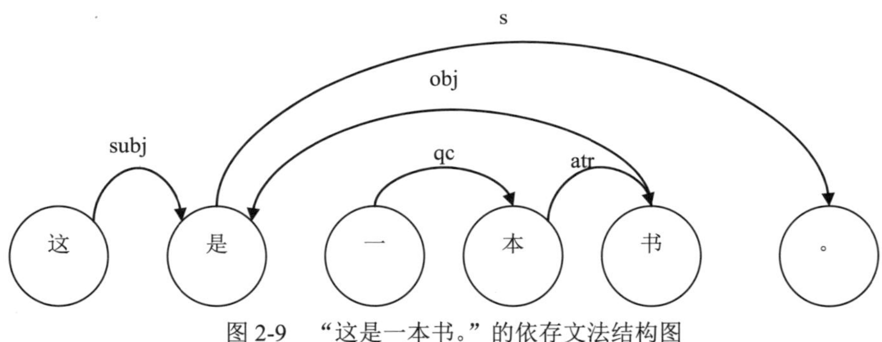

图 2-9 “这是一本书。”的依存文法结构图

图 2-9 中带箭头的弧的起点为从属词，箭头指向的是支配词，弧上标记为依存关系标记。例如，句号“。”支配“是”；动词“是”是句子的谓语，它支配主语“这”和宾语“书”，故“是”是支配词，“这”和“书”是从属词；“s”“subj”“obj”是依存关系标记。支配词也叫核心词，从属词也叫修饰词。

数词“一”作量词“本”的量词补足语，“本”是支配词，“一”是从属词，“qc”是依存关系标记。数量短语“一本”作名词“书”的定语，名词“书”支配量词“本”，“atr”是依存关系标记。

依存文法也可以表示成图 2-10 这样的树结构。因为总是连接线下面的词依赖上面的词，所以图 2-10 中的箭头可以省略。

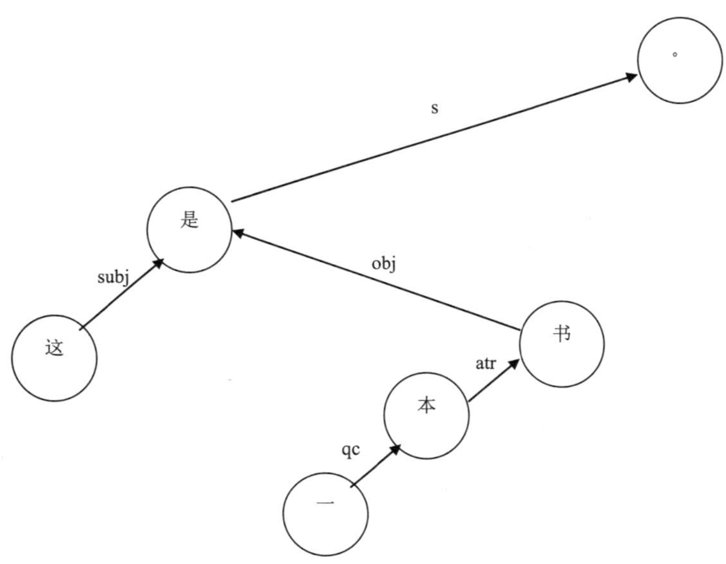

图 2-10　“这是一本书。”的依存文法树

在依存语言模型中利用依存树有很多可能的方法。

构造依存语言模型的最简单方法是使用依存树的拓扑结构 T。每个单词都由其父亲调节。例如图 2-11 所示句子的概率计算公式如下：

```
    P (s | T )= P ( the | boy) P ( boy | find) P(will| find ) P (find | <NONE> )
P ( it | find )P (interesting |find)
```

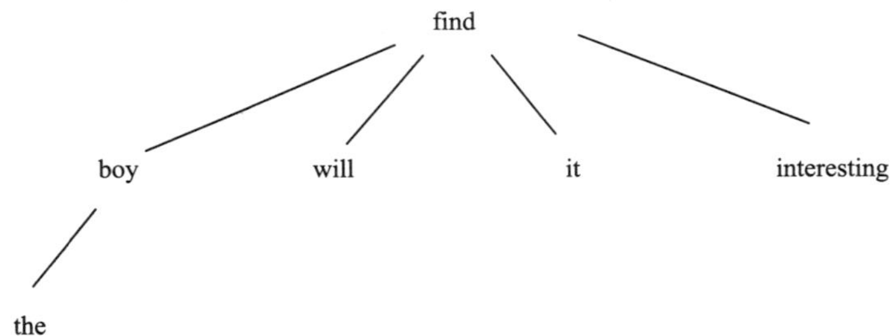

图 2-11　句子“the boy will find it interesting”的依存树

2.10　情感分析

人们常常会对某个事物（如产品）发表自己的看法或评论，计算机可以判断该看法

或评论是属于对该事物的积极或消极意见。这就是文本倾向性分析。可以结合核磁共振，通过对大脑中的兴奋区域成像来分析“喜欢”或“厌恶”等情感倾向。这里讨论的文本倾向性分析，英文称为 sentiment analysis 或 opinion mining。基本的目标就是实现区分出正面、负面或者中性，这称为极性分类（polarity classification）。可以按好恶程度分出更多的级别，例如 1~5 星级，这称为星级评分（multi-way scale）。

有文档级别的情感识别，例如对某个电影或酒店的评论自动分类出极性或者星级，这样区分出好评和差评。也许想进一步对好在哪里，差在何处做更细致的分析，所以出现了更细粒度的基于特征的情感识别。例如，区分出对手机的屏幕或者照相机的画质的评价。为了准确地识别级性，可以考虑对文本的主客观语句分类，提取出 n 个最主观的句子来概括整个评论的褒贬倾向。从技术上来说，就是从主客观混合文本语料中抽取表示主观性的文本。

为了实现基于特征的情感识别，需要从上下文提取出评价的对象，需要提取描述对象的特征，然后判断倾向性描述在每个特征上的极性。“特征”一词在这里既表示描述对象的组成，也表示属性。

特征抽取是获得关于主题某一方面的具体描述，如汽车的油耗与操控性，数码相机的电池寿命。和信息抽取相比，情感分析中的特征抽取更加自由，因为获得的结果不要求是结构化的。在某些应用中，特征抽取比情感取向判断更加重要，因为需要关注用户的具体意见。例如对某款手机的评价统计：

```
手机:
褒义: 125 <独立的评价句子>
贬义: 7 <独立的评价句子>
特征: 续航能力
褒义: 123 <独立的评价句子>
贬义: 6 <独立的评价句子>
特征: 大小
褒义: 82 <独立的评价句子>
贬义: 10 <独立的评价句子>
```

对事物的观点有直接观点和对比观点两种：

- 直接观点（direct opinion）：例如，这款手机的画质的确有点烂。
- 对比观点（comparative opinion）：例如，这款手机的画质比 iPhone-x 好。进行这类情感分析时，首先要确定观点的目标对象是谁。在这个例子中需要用到指代消解确定这款手机指哪款手机。

有时候，作者把情感和事实一起来表达，例如“即便是面对强逆光，iPhone-x 的表现也堪称专业”。也就是说，情感和具体的特征是分不开的。

除了这些经典的问题外，在针对社会媒体的情感分析中，我们面临更多的挑战。例如，并非所有以与主题相关的用户为中心的内容都是重要的，而其中只有少部分能引起关注和讨论，甚至进而影响其他用户的观念和行为。因此，评估它们的影响力和预测它们是否得到关注具有重要的应用价值。

除此以外，不合理地利用社会媒体的影响力也值得关注。制造事端打击竞争对手，恶作剧心理造谣生事，收受商家好处为特定产品夸大宣传，是典型的误导公众行为。

首先从文本中抽取描述对象的特征。例如，针对汽车的用户体验信息，关于操控性、舒适性、油耗、内饰、配置等方面的评价等被分别抽取列出，因此可以收集到不同用户关于同一特征的描述并在不同品牌、不同时间段、不同用户群的范围内统计加以比较评估，这样的数据能直接地、准确地反映用户的消费情况和市场反应。其次，需要评估一个用户言论的内在价值和预测将来的关注度。从实务操作上来说，有些重要的言论和事件在几小时内就会引起广泛的关注。相关的厂家可以及时发现和跟进这种对其产品销售和品牌形象具有重要影响的言论。

为了获取标注好的文本倾向，可以从评论网站，比如 Booking.com 等网站抓取所有的酒店评论，这些评论用星级评价来代表褒贬度。

常见具有语义倾向词语的词性及示例如表 2-4 所示。

表 2-4 有语义倾向词语的词性表

词性编码	词　性	示　例
a	形容词	美丽、丑陋
n	名词	英雄、熊市、粉丝、流氓
v	动词	发扬、贬低
d	副词	昂然、暗地
i	成语	宾至如归、叶公好龙
p	习惯语	双喜临门、顺竿爬

事实上，对一篇文章而言，它所表达的情感的正面或负面是通过主观语句体现出来的，如“产品质量好!”但是像“它的售价刚好是￥50 元!”这样的客观语句，虽然有“好”这一特征词，但并不表达任何情感。但是如果能区分一篇文章中的主观语句和客观语句，只对主观语句进行特征选择，会对分类的准确率有很大提高。

观点搜索系统使得用户能够查找关于一个对象的评价观点。典型的观点搜索查询包括以下两种类型：

- 搜索关于一个特定对象或对象特征的观点。搜索用户只要简单给出对象和/或对象的特征即可。
- 搜索一个人或组织关于一个特定对象或者对象特征的观点。用户需要给出观点拥有者的名字和对象的名字。

判断用户的情感取向（polarity）是喜欢、不喜欢还是中性的，可以通过对大量用户的感情取向进行统计，进而了解用户对特定产品的好恶，甚至对具体的某个特征（如数码相机的镜头、电池寿命等）作出直接的判断和比较。

开源机器学习框架 ML.NET(https://github.com/dotnet/machinelearning)包含了情感识别的实现。

要开始使用 ML.NET，请从包管理器安装 ML.NET 的 NuGet 包：

```
Install-Package Microsoft.ML
```

用于训练模型以预测文本样本中的情绪的代码如下：

```
var dataPath = "sentiment.csv";
var mlContext = new MLContext();
var loader = mlContext.Data.CreateTextLoader(new[]
   {
      new TextLoader.Column("SentimentText", DataKind.String, 1),
      new TextLoader.Column("Label", DataKind.Boolean, 0),
   },
   hasHeader: true,
   separatorChar: ',');
var data = loader.Load(dataPath);
var learningPipeline = mlContext.Transforms.Text.FeaturizeText("Features",
                                  "SentimentText")
      .Append(mlContext.BinaryClassification.Trainers.FastTree());
var model = learningPipeline.Fit(data);
现在从训练出的模型我们可以做出预测：
var predictionEngine =
    model.CreatePredictionEngine<SentimentData,
SentimentPrediction>(mlContext);
var prediction = predictionEngine.Predict(new SentimentData
{
    SentimentText = "Today is a great day!"
});
Console.WriteLine("prediction: " + prediction.Prediction);
```

如果需要采用 Java 实现，则 Stanford Core NLP(https://github.com/stanfordnlp/CoreNLP)中包含现成的实现。

2.11 本章小结

词性标注是简单而有用的语言学分析过程。例如，可以提取文本中的名词用作文本分类的依据。有很多常用词有多个可能的词性。早期的词性标注往往使用 HMM 这样的纯概率的方法来标注词性，后续增加了语法和语义知识来帮助提高词性标注的准确性。

第 3 章 搜索引擎听懂语音

可以根据一段语音中的频率变化来切分语音，但由于语音是许多不同频率信号的混合，因此从频谱而不是单一频率考虑可能更有成果。即使对于固定音高的持续音符，除了音符的基本频率之外，还会出现大量的泛音和谐波。而对于实际的语音，由于元音和辅音的不同音调特性，即使在短片段内频谱也会剧烈变化。

语音识别技术，也被称为自动语音识别（automatic speech recognition，ASR）。它是一种交叉学科，与人们的生活、工作和学习密切相关。其目标是将说话者的词汇内容转换为计算机可读的输入，例如按键、二进制编码或者字符序列。比如，将来打银行的客服电话，可以直接和银行系统用口语对话，而不是“普通话请按 1”这样把人当成机器的询问，实现语音交互。

在通信中，可以把对方的语音留言转换成文字。进一步地，还可以根据识别出的文字识别语意。这样，可以让机器和人交流。例如：儿童识别图片后，可以说出这个图是老虎还是大象；系统使用语音识别技术判断孩子的回答是否正确；对于不正确的，系统自动给出提示。

开放式语音识别不容易做好，可以辅助人工输入字幕，类似语音输入法。

3.1 语音识别总体结构

语音识别可以被看作广义上的标注问题。给定声学输出 $A_{1,T}$(由一个声学事件的序列

组成 $a_1,\cdots,a_T$)，需要找到单词序列 $W_{1,R}$ 最大化概率：

$$\arg\max_{W} P\left(W_{1,R} \mid A_{1,T}\right)$$

根据贝叶斯公式重写这个公式，然后删除在通过比较大小找最大值的过程中没有意义的分母，把问题转换成计算：

$$\arg\max_{W} P\left(A_{1,T} \mid W_{1,R}\right) P\left(W_{1,R}\right)$$

这里把 $P(W_{1,R})$叫作语言模型，而 $P(A_{1,T}|W_{1,R})$叫作声学模型。语音识别过程如图 3-1 所示。

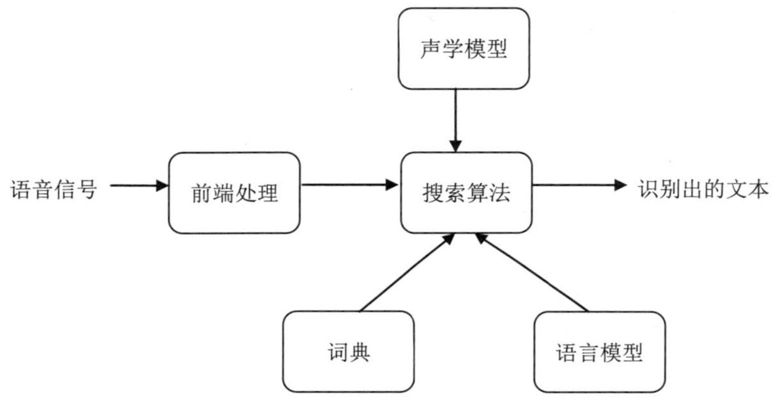

图 3-1 语音识别过程

人类获得信息的 80%来自于图像。图像信息具有传递速度快、信息量大等一系列特点，但语音识别在车载系统、智能音响等领域也有非常关键的应用。

为了能开发出有效的语音识别系统，2009 年 Kaldi 在约翰霍普金斯大学诞生了。Kaldi 不是一个语音识别系统，它是一个建立语音识别系统的系统。Kaldi 使用运行于 Linux 操作系统的 C++、Perl、Python、Bash 等多种语言开发。接下来介绍需要用到的 Linux 基础知识。

3.2 Kaldi 快速入门

首先介绍如何安装和使用 Kaldi。

3.2.1　安装 Kaldi

一般在 Linux 下运行 Kaldi。介绍在 Linux 下安装 Kaldi 的过程。

首先安装 git：

```
# yum install git
```

然后下载 kaldi：

```
# git clone https://github.com/kaldi-asr/kaldi.git kaldi --origin upstream
```

可以参考下载文件中的说明进行安装。在源代码的根目录下有一个 INSTALL 文件，其中描述了安装步骤。首先在 tools/下查看 INSTALL 安装指令；然后在 src/下查看 INSTALL 安装指令。

到/tools/extras 目录下，运行 check_dependencies.sh 脚本，检查安装过程中所依赖的工具是否存在。运行的结果会提示安装依赖软件的命令。

首先在./tool 目录下编译源代码，然后在./src 目录下编译。

在./tool 目录下输入 make 命令就可以编译，输入 make -j 4 命令可以用多核并行处理的方式加快速度。

之后切换到./src 目录下，运行如下命令：

```
./configure
make depend
make -j 4
```

为了方便以后使用，可以把环境打包：

```
tar -czf kaldiLinux.tar.gz ./kaldi
```

egs 目录下保存着一些指定数据集上的训练步骤（shell 脚本）以及测试的结果。最简单的是 yesno 例子。

3.2.2　yesno 例子

首先运行下面这个例子：

```
# cd ./egs/yesno/s5
#./run.sh
```

经过一段时间的训练和测试，可以看到运行结果。

```
%WER 0.00 [ 0 / 232, 0 ins, 0 del, 0 sub ] exp/mono0a/decode_test_yesno/wer_10
```

这里的 WER（word error rate）是字错误率，是一个衡量语音识别系统的准确程度的度量。其计算公式是 WER=$(I+D+S)/N$，其中 I 代表被插入的单词个数；D 代表被删除的单词个数；S 代表被替换的单词个数。也就是说，把在识别出来的结果中多认的、少认的、认错的全都加起来，再除以总单词数。这个数字当然是越低越好。

这里的 WER 为 0.00。说明全部识别正确。

数据集有 62 个.wav 文件，采样频率为 8kHz。所有音频文件由 Kaldi 项目的匿名男性贡献者记录，并包含在项目中用于测试目的。我们把它们放在 wave_yesno 目录中，但数据集也可以在 http://openslr.org/resources/1/waves_yesno.tar.gz 找到。在每个文件中，这个人说 8 个词，每个单词都是“ken”或“lo”（希伯来语中的“是”和“否”），因此每个文件都是 8 个是或否的随机序列。文件名称表示单词序列，1 表示是，0 表示否。

```
waves_yesno/1_0_1_1_1_0_1_0.wav
waves_yesno/0_1_1_0_0_1_1_0.wav
...
```

这就是所有的原始数据。现在将这些.wav 文件变成 Kaldi 可以读取的数据格式。

3.2.3 数据准备

将 62 个波形文件大致分为两半：31 个用于训练，其余用于测试。

创建数据目录，然后在其中有 train_yesno 和 test_yesno 两个子目录。

使用一个称为 data_prep.py 的 Python 脚本生成必要的输入文件。

读取 wave_yesno 中的文件列表。

生成两个列表，一个存储以 0 开头的文件的名称，另一个存储以 1 开头的文件的名称，忽略其余的文件。

对于每个数据集（训练集和测试集）都需要生成代表原始数据的文件——音频和讲稿。

1. 讲稿文件

每行一句话，格式是：

```
<utt_id> <transcript>
```

例如： 0_0_1_1_1_1_0_0 NO NO YES YES YES YES NO NO

现在使用没有扩展名的文件名作为 utt_ids。

虽然录音是希伯来语，这里使用英语单词 YES 和 NO 代替，以避免使问题复杂化。

2. wav.scp

唯一 ID 的索引文件。

```
<file_id> <带路径的 wave 文件名或者获取 wav 文件的命令>
```

例如： 0_1_0_0_1_0_1_1 waves_yesno/0_1_0_0_1_0_1_1.wav

这里再次使用文件名作为文件 ID。

3. utt2spk

对于每句话，标记是哪个说话者说出来的。

```
<utt_id> <speaker_id>
```

例如：0_0_1_0_1_0_1_1 global

由于这个例子中只有一个说话者，所以让我们使用“global”作为说话者标识。

4. spk2utt

- 简单的反向索引 utt2spk (<speaker_id> <all_hier_utterences>)。
- 可以使用 Kaldi 工具程序生成。
- utils/utt2spk_to_spk2utt.pl data/train_yesno/utt2spk > data/train_yesno/spk2utt。

数据目录看起来像这样：

```
data
├──────train_yesno
│    ├──────text
│    ├──────utt2spk
│    ├──────spk2utt
│    └──────wav.scp
└──────test_yesno
    ├──────text
    ├──────utt2spk
    ├──────spk2utt
    └──────wav.scp
```

3.2.4 词典准备

本部分将介绍如何为 Kaldi 识别器构建语言知识——词典和音素词典。

接下来建立词典。先从根目录创建中间的 dict 目录开始。

```
mkdir dict
```

在这种玩具语言中，只有两个词：YES 和 NO。为了简单起见，我们假设它们是一个单音素词：Y 和 N。

```
echo -e "Y\nN" > dict/phones.txt                    #音素词典
echo -e "YES Y\nNO N" > dict/lexicon.txt            #单词发音词典
```

然而，在真实的讲话中，不仅有表达语言的人的声音，还有沉默和噪声。

Kaldi 把所有这些非语言的声音称为“沉默”。例如，即使在这个小而受控制的录音中，也在每个单词之间的暂停。因此，需要一个额外的音素“SIL”代表沉默。而且可以在所有单词的结尾发生。Kaldi 称这种沉默为“可选的”。

```
echo "SIL" > dict/silence_phones.txt
echo "SIL" > dict/optional_silence.txt
mv dict/phones.txt dict/nonsilence_phones.txt
```

现在修改词典以包含沉默。

```
cp dict/lexicon.txt dict/lexicon_words.txt
echo "<SIL> SIL" >> dict/lexicon.txt
```

请注意，“<SIL>”也将用作我们的 OOV 词。

dict 目录应该最终得到这 5 个文件：

- lexicon.txt：词素-音素对的完整列表。
- lexicon_words.txt：单词-音素对列表。
- silence_phones.txt：无声音素列表。
- nonsilence_phones.txt：非无声音素列表。
- optional_silence.txt：可选无声音素列表（这看起来和 silence_phones.txt 相同）。

最后，需要将我们的字典转换为 Kaldi 能接受的数据结构——有限状态转换机（FST）。在 Kaldi 提供的许多脚本中，我们将使用 utils/prepare_lang.sh 生成 FST 就绪的数据格式来表示我们的语言定义。

```
    utils/prepare_lang.sh  --position-dependent-phones  false  <RAW_DICT_PATH>
<OOV> <TEMP_DIR> <OUTPUT_DIR>
```

我们正在使用--position-dependent-phones 参数值是假的——在我们的小小的玩具语言中。毕竟没有足够的上下文。对于所需参数，我们将使用：

- <RAW_DICT_PATH>：dict。
- <OOV>："<SIL>"。
- <TEMP_DIR>：可以在任何地方。这里在 dict 里面建一个新的目录 tmp。
- <OUTPUT_DIR>：此输出将用于进一步的训练。将其设置为 data/lang。

我们给出了一个用于 yesno 数据的样例一元语法模型。你会在 lm 目录下找到一个 ARPA 格式的语法模型。然而，语言模型也需要转换成 FST。为此，Kaldi 也带来了许多程序。在这个例子中，我们将使用绑定的脚本 lm/prepare_lm.sh。它将生成正确格式的 LM FST 并将其放入 data/lang_test_tg 中。

接下来是 MFCC 特征提取和训练 GMM 模型。

首先提取梅尔频率倒谱系数。

```
steps/make_mfcc.sh --nj <N> <INPUT_DIR> <OUTPUT_DIR>
```

- --nj <N>：处理器数量，默认为 4。
- <INPUT_DIR>：放训练集数据的地方。
- <OUTPUT_DIR>：让我们输出到 exp/make_mfcc/train_yesno，遵循 Kaldi 配方惯例。

现在归一化倒谱特征。

```
steps/compute_cmvn_stats.sh <INPUT_DIR> <OUTPUT_DIR>
```

<INPUT_DIR>和<OUTPUT_DIR>与上述相同。

这些 shell 脚本（.sh）都是通过 Kaldi 二进制文件的管道操作，它们都是些文本处理。要查看实际执行了哪些命令，请参阅<OUTPUT_DIR>中的日志文件，或者最好看脚本内容。

我们将训练单音素模型，因为我们假设，在我们的玩具语言中，音素不依赖于上下文。（这当然是一个荒谬的假设）

```
steps/train_mono.sh --nj <N> --cmd <MAIN_CMD> <DATA_DIR> <LANG_DIR>
<OUTPUT_DIR>
```

- --cmd <MAIN_CMD>：因为要使用本地机器资源，所以使用“utils/run.pl”管道。
- --nj <N>：来自说话人的发言不能并行处理。由于我们只有一个，我们只能使用 1 个任务。
- <DATA_DIR>：训练数据的路径。
- <LANG_DIR>：语言定义的路径(prepare_lang 脚本的输出)。
- <OUTPUT_DIR>：和前面一样，使用 exp/mono。

这将产生用于声学模型的基于 FST 的词图。Kaldi 提供了一个查看模型内部的工具（现在可能还没有任何意义）。

```
/path/to/kaldi/src/fstbin/fstcopy 'ark:gunzip -c exp/mono/fsts.1.gz|' ark,
t:- | head -n 20
```

这将以人可读（!!）的格式打印出前 20 行词图（每列表示：Q-from，Q-to，S-in，S-out，Cost）。

现在我们完成了声学模型的训练，接下来是图解码。对于解码，我们需要一个新的输入，通过我们的 AM&LM 词图。我们为 data/test_yesno 准备了单独的测试集。现在是时候将其投影到特征空间了，使用 steps/make_mfcc.sh 和 steps/compute_cmvn_stats.sh。

然后，需要建立一个完全连接的 FST 网络。

```
utils/mkgraph.sh --mono data/lang_test_tg exp/mono exp/mono/graph_tgpr
```

这将在 exp/mono/graph_tgpr 目录中构建一个连接的 HCLG。

最后，需要使用解码脚本找到测试集中话语的最佳路径。查看解码脚本，找出什么要作为它的参数，然后运行它。将解码结果写入 exp/mono/decode_test_yesno。

```
steps/decode.sh
```

这将产生输出目录中的 lat.N.gz 文件，其中 N 从 1 增加到用户使用的作业数（对目前这个任务来说，必须为 1）。这些文件包含由用户的解码操作的第 N 个线程处理的发言的词图。

请参阅 exp/mono/decode_test_yesno/wer_X 文件以查看 WER，参阅 exp/mono/decode_test_yesno/scoring/X.tra 查看讲稿。这里 X 表示语言模型权重、LMWT、每次迭代使用的评分脚本，将 lat.N.gz 文件中的话语的最佳路径解释为单词序列。（记住 N 在 decoing 操作期间#thread）如果需要，可以在调用 score.sh 时，使用--min_lmwt 和--max_lmwt 选项来特意指定权重。

或者如果有兴趣获取每个重新编码文件的单词级对齐信息，请查看 steps/get_ctm.sh 脚本。

3.2.5 构建一个简单的 ASR

将数据分为训练和测试集，建立一个 ASR 系统，对其进行训练，测试并获得一些解码结果。

开始在 kaldi/egs 目录中创建一个 digits 文件夹。把所有与你的项目相关的东西都放在这里。

首先准备音频数据和语言数据。

这里假设您想要建立一个基于您自己的音频数据的 ASR 系统。例如，100 个文件的数据集。文件格式是 WAV。每个文件包含 3 个以英文记录的口语数字。这些音频文件中的每一个以可识别的方式命名（例如 1_5_6.wav，在我的模式中这个语音句子是“一、五、六”），并且在特定记录会话期间放置在表示特定说话人的可识别的文件夹中。可能有一种情况，有同一人的录音，但在两个不同的质量/噪声环境中，这时候要将它们放在单独的文件夹中。所以总结一下，示范数据集看起来像这样：

- 10 个不同的说话人（ASR 系统必须对不同的说话人进行训练和测试，所以说话的人越多越好）。
- 每位说话人说 10 句话，100 个句子/话语（100 个 *.wav 文件中放置在与特定说话人有关的 10 个文件夹中，即每个文件夹中有 10 个*.wav 文件）。
- 300 个词（从零到九的数字），每个句子/话语由 3 个词组成。

无论您的第一个数据集是什么，请根据您的具体情况调整这个例子。小心大数据集和复杂的语法，所以从简单的东西开始。在这种情况下只包含数字的句子不错。

到 kaldi-trunk/egs/digits 目录并创建 digits_audio 文件夹。在 kaldi-trunk/egs/digits/digits_audio 中创建两个文件夹：train 和 test。选择一个您选择的说话人来表示测试数据集。使用该说话人的“speakerID”作为 kaldi-trunk/egs/digits/digits_audio/test 目录中另一个新文件夹的名称。然后把所有与该人有关的音频文件放在一起。将其余（9 个说话人）的音频文件放入 train 文件夹，这将是您的训练数据集。还可以为每个说话人创建子文件夹。

首先准备声学数据。必须创建一些文本文件，用来允许 Kaldi 与您的音频数据打交道。将这些文件看成必须完成的。您将在此部分（以及语言数据部分）中创建的每个文件都可以被视为具有一定数量的字符串（每个字符串在一个独立行）的文本文件。这些字符串需要排序。如果您遇到任何排序问题，可以使用 Kaldi 脚本检查（utils/validate_data_dir.sh）和修复（utils/fix_data_dir.sh）数据顺序，并且为了您的信息，utils 目录将在工具附件部分附加到您的项目。

在 kaldi-trunk/egs/digits 目录中，创建一个文件夹数据。然后在里面创建 test 和 train 子文件夹。在每个子文件夹中创建以下文件（因此，在 test 和 train 子文件夹中以同样的方式命名文件，只不过是与之前创建的两个不同的数据集相关）：

（1）spk2gender。该文件记录说话人的性别。如我们假设的，“speakerID”是每个说话人的唯一名称（在这种情况下，它也是一个“recordingID”）——每个说话人只有一个录音会话中的一个音频数据文件夹）。在这个例子中，有 5 名女性和 5 名男性说话者（f =女性，m =男性）。

模式：<speakerID> <gender>

例如：

```
cristine f
dad m
josh m
july f
#等等...
```

（2）wav.scp。该文件用相关的音频文件连接每个发言（在特定记录会话期间由一个人说的句子）。如果坚持我的命名方法，'utteranceID'只不过是'speakerID'（说话人的文件夹名称），附带了*.wav 文件名，而没有'.wav'结尾（看下面的例子）。

模式：<uterranceID> <full_path_to_audio_file>

例如：

```
dad_4_4_2 /home/{user}/kaldi-trunk/egs/digits/digits_audio/train/dad/4_4_2.wav
july_1_2_5 /home/{user}/kaldi-trunk/egs/digits/digits_audio/train/july/1_2_5.wav
july_6_8_3
/home/{user}/kaldi-trunk/egs/digits/digits_audio/train/july/6_8_3.wav
#等等...
```

（3）text。该文件包含与其文本转录匹配的每个发言。

模式：<uterranceID> <text_transcription>

例如：

```
dad_4_4_2 four four two
july_1_2_5 one two five
july_6_8_3 six eight three
# 等等...
```

（4）utt2spk。该文件告诉 ASR 系统发言属于哪个特定的说话人。

模式：<uterranceID> <speakerID>

例如：

```
dad_4_4_2 dad
july_1_2_5 july
july_6_8_3 july
#等等...
```

（5）corpus.txt。该文件目录略有不同。在 kaldi-trunk/egs/digits/data 中创建另一个文件夹 local。在 kaldi-trunk/egs/digits/data/local 中创建一个文件 corpus.txt。该文件应该包含可能发生在 ASR 系统中的每一个话语转录（在我们的情况下，是 100 行 100 个音频文件）。

模式：<text_transcription>

例如：

```
one two five
six eight three
four four two
#等等...
语言数据
```

本节涉及语言建模文件，也需要将其视为“必须完成”。在这里查找语法细节：数据准备（精确描述每个文件）。还可以自己阅读其他例子脚本中的一些例子。现在展示的是一个理想的例子。

在 kaldi-trunk/egs/digits/data/local 目录中，创建一个文件夹 dict。在 kaldi-trunk/egs/digits/data/local/dict 中创建以下文件：

（1）lexicon.txt。该文件包含字典中的每个单词及其电话录音（取自/egs/voxforge）。

模式：<word> <phone 1> <phone 2> ...

例如：

```
!SIL sil
<UNK> spn
eight ey t
five f ay v
four f ao r
nine n ay n
one hh w ah n
one w ah n
seven s eh v ah n
six s ih k s
three th r iy
two t uw
zero z ih r ow
zero z iy r ow
```

（2）nonsilence_phones.txt。该文件列出了项目中存在的非静止的音素。

模式：<phone>

```
ah
```

```
ao
ay
eh
ey
f
hh
ih
iy
k
n
ow
r
s
t
th
uw
w
v
z
```

（3）silence_phones.txt。该文件列出了静止的音素。

模式：<phone>

```
sil
spn
```

（4）optional_silence.txt。该文件列出了可选的静止音素。

模式：<phone>

```
sil
```

最后，添加在示例性脚本中广泛使用的必需的 Kaldi 工具。

从 kaldi-trunk/egs/wsj/s5 中复制 utils 和 steps 两个文件夹及其全部内容，并将它们放在 kaldi-trunk/egs/digits 目录中。还可以创建到这些目录的链接，并可以在例如 kaldi-trunk/egs/voxforge/s5 中找到这样的链接。

打分脚本有助于获得解码结果。

从 kaldi-trunk/egs/voxforge/s5/local 中将脚本 score.sh 复制到项目中的相似位置（kaldi-trunk/egs/digits/local）。

还需要安装在这个示例中使用的语言建模工具包——SRI 语言建模工具包（SRILM）。有关详细的安装说明，请访问 kaldi-trunk/tools/install_srilm.sh（阅读里面所有的注释）。因为 SRILM 是一个商用需要收费的软件，所以没有自动下载的脚本。

下载 srilm-1.7.2.tar.gz 并重命名为 srilm.tgz，然后运行 install_srilm.sh。

```
mv ./srilm-1.7.2.tar.gz  ./srilm.tgz
./install_srilm.sh
```

在 kaldi-trunk/egs/digits 中创建一个文件夹 conf。在 kaldi-trunk/egs/digits/conf 内部创建两个文件（对于解码和 mfcc 特征提取过程中的一些配置修改，取自/egs/voxforge）：

（1）decode.config。

```
first_beam=10.0
beam=13.0
lattice_beam=6.0
```

（2）mfcc.conf。

```
--use-energy=false
```

最后一项工作是准备运行脚本来创建 ASR 系统。

- MONO：单声道训练。
- TRI1：简单的三音素训练。

这两种方法足以在仅使用数字词典和小训练数据集的情况下显示解码结果的显著差异。

在 kaldi-trunk/egs/digits 目录中创建 3 个脚本：

（1）cmd.sh。

```
#设置本地系统任务(本地 CPU - 无需外部群集)
export train_cmd=run.pl
export decode_cmd=run.pl
```

（2）path.sh。

```
#定义 Kaldi 根目录
export KALDI_ROOT='pwd'/../..

#设置路径以包含有用的工具
export PATH=$PWD/utils/:$KALDI_ROOT/src/bin:$KALDI_ROOT/tools/openfst/bin:
$KALDI_ROOT/src/fstbin/:$KALDI_ROOT/src/gmmbin/:$KALDI_ROOT/src/featbin/:$KAL
DI_ROOT/src/lmbin/:$KALDI_ROOT/src/sgmm2bin/:$KALDI_ROOT/src/fgmmbin/:$KALDI_
ROOT/src/latbin/:$PWD:$PATH

#定义音频数据路径
export DATA_ROOT="/home/{user}/kaldi-trunk/egs/digits/digits_audio"

#启用 SRILM
source $KALDI_ROOT/tools/env.sh

#为了数据能够正确排序所需的变量
export LC_ALL=C
```

（3）run.sh。

```
#!/bin/bash

. ./path.sh || exit 1
. ./cmd.sh || exit 1

nj=1           #并行任务的数量--对于这样一个小数据集 1 就很好
lm_order=1     #语言模型阶数（n-gram 数量）——对于数字文法来说，1 是足够的
```

```
#安全机制(可能使用修改后的参数运行此脚本)
. utils/parse_options.sh || exit 1
[[ $# -ge 1 ]] && { echo "Wrong arguments!"; exit 1; }

#删除以前创建的数据(从上次的 run.sh 执行)
rm -rf exp mfcc data/train/spk2utt data/train/cmvn.scp data/train/feats.scp
data/train/split1 data/test/spk2utt data/test/cmvn.scp data/test/feats.scp data/
test/split1 data/local/lang data/lang data/local/tmp data/local/dict/lexiconp.
txt

echo
echo "===== PREPARING ACOUSTIC DATA ====="
echo

#需要手工准备(或使用自己写的脚本):
#
# spk2gender  [<speaker-id> <gender>]
# wav.scp     [<uterranceID> <full_path_to_audio_file>]
# text          [<uterranceID> <text_transcription>]
# utt2spk     [<uterranceID> <speakerID>]
# corpus.txt  [<text_transcription>]

#制作 spk2utt 文件
utils/utt2spk_to_spk2utt.pl data/train/utt2spk > data/train/spk2utt
utils/utt2spk_to_spk2utt.pl data/test/utt2spk > data/test/spk2utt

echo
echo "===== FEATURES EXTRACTION ====="
echo

# 制作 feats.scp 文件
mfccdir=mfcc
#如果在数据排序方面遇到任何问题，就在下面的脚本中取消注释并修改参数
# utils/validate_data_dir.sh data/train  #检查准备好的数据的脚本，在这里路径是
data/train
# utils/fix_data_dir.sh data/train        #数据正确排序的工具，在这里路径是
data/train
steps/make_mfcc.sh --nj $nj --cmd "$train_cmd" data/train exp/make_mfcc/train
$mfccdir
steps/make_mfcc.sh --nj $nj --cmd "$train_cmd" data/test exp/make_mfcc/test
$mfccdir

# 制作 cmvn.scp 文件
steps/compute_cmvn_stats.sh data/train exp/make_mfcc/train $mfccdir
steps/compute_cmvn_stats.sh data/test exp/make_mfcc/test $mfccdir

echo
echo "===== PREPARING LANGUAGE DATA ====="
```

```
    echo

    #需要手工准备(或使用自己写的脚本)
    #
    # lexicon.txt                  [<word> <phone 1> <phone 2> ...]
    # nonsilence_phones.txt        [<phone>]
    # silence_phones.txt           [<phone>]
    # optional_silence.txt         [<phone>]

    #准备语言数据
    utils/prepare_lang.sh data/local/dict "<UNK>" data/local/lang data/lang

    echo
    echo "===== LANGUAGE MODEL CREATION ====="
    echo "===== MAKING lm.arpa ====="
    echo

    loc='which ngram-count';
    if [ -z $loc ]; then
      if uname -a | grep 64 >/dev/null; then
            sdir=$KALDI_ROOT/tools/srilm/bin/i686-m64
      else
                  sdir=$KALDI_ROOT/tools/srilm/bin/i686
      fi
      if [ -f $sdir/ngram-count ]; then
                  echo "Using SRILM language modelling tool from $sdir"
                  export PATH=$PATH:$sdir
      else
                  echo "SRILM toolkit is probably not installed.
                       Instructions: tools/install_srilm.sh"
                  exit 1
      fi
    fi

    local=data/local
    mkdir $local/tmp
    ngram-count -order $lm_order -write-vocab $local/tmp/vocab-full.txt -wbdiscount
-text $local/corpus.txt -lm $local/tmp/lm.arpa

    echo
    echo "===== MAKING G.fst ====="
    echo

    lang=data/lang
    arpa2fst --disambig-symbol=#0 --read-symbol-table=$lang/words.txt $local/
tmp/lm.arpa $lang/G.fst

    echo
    echo "===== MONO TRAINING ====="
```

```
    echo

    steps/train_mono.sh --nj $nj --cmd "$train_cmd" data/train data/lang exp/mono
|| exit 1

    echo
    echo "===== MONO DECODING ====="
    echo

    utils/mkgraph.sh --mono data/lang exp/mono exp/mono/graph || exit 1
    steps/decode.sh --config conf/decode.config --nj $nj --cmd "$decode_cmd"
exp/mono/graph data/test exp/mono/decode

    echo
    echo "===== MONO ALIGNMENT ====="
    echo

    steps/align_si.sh --nj $nj --cmd "$train_cmd" data/train data/lang exp/mono
exp/mono_ali || exit 1

    echo
    echo "===== TRI1 (first triphone pass) TRAINING ====="
    echo

    steps/train_deltas.sh --cmd "$train_cmd" 2000 11000 data/train data/lang
exp/mono_ali exp/tri1 || exit 1

    echo
    echo "===== TRI1 (first triphone pass) DECODING ====="
    echo

    utils/mkgraph.sh data/lang exp/tri1 exp/tri1/graph || exit 1
    steps/decode.sh --config conf/decode.config --nj $nj --cmd "$decode_cmd"
exp/tri1/graph data/test exp/tri1/decode

    echo
    echo "===== run.sh script is finished ====="
    echo
```

现在要做的就是运行 run.sh 脚本。终端的日志能提示你如何处理可能遇到的错误。

除了在终端窗口中会注意到某些解码结果外，还要进入新制作的 kaldi-trunk/egs/digits/exp。可能会注意到，文件夹有同样目录结构的 mono 和 tri1 结果。来到 mono/decode 目录，可能会找到结果文件（以 wer_ {number}方式命名）。解码过程的日志可以在日志文件夹（同一目录）中找到。

在成功安装 Kaldi 后，可运行一些示例脚本（Yesno、Voxforge、LibriSpeech，它们相对容易，有免费的声学/语言数据供下载）。

3.3 使用 FFmpeg 提取音频

可以使用 Ffmpeg 开发包转换各种音频格式或者从视频中提取音频。

在 CentOS 7 下，首先安装 YUM 源：

```
sudo rpm --import http://li.nux.ro/download/nux/RPM-GPG-KEY-nux.ro
sudo rpm -Uvh http://li.nux.ro/download/nux/dextop/el7/x86_64/nux-dextop-release-0-5.el7.nux.noarch.rpm
```

然后安装 FFmpeg 和 FFmpeg 开发包：

```
sudo yum install ffmpeg ffmpeg-devel -y
```

测试是否安装成功：

```
#ffmpeg
```

如果想了解更多关于 FFmpeg 的命令行参数，可以输入：

```
#ffmpeg -h
```

使用 FFmpeg 将 WAV 格式转为 MP3 格式：

```
# ffmpeg -i A.wav -acodec libmp3lame A.mp3
```

将 OGG 格式转为 MP3 格式：

```
# ffmpeg -i audio.ogg -acodec libmp3lame audio.mp3
```

将 AC3 格式转为 MP3 格式：

```
#ffmpeg -i audio.ac3 -acodec libmp3lame audio.mp3
```

将 AAC 格式转为 MP3 格式：

```
#ffmpeg -i audio.aac -acodec libmp3lame audio.mp3
```

3.4 时间序列

可以用一些时间序列分析方法来分析语音。TimeSeriesPoint 类表示支持矢量的时间序列点：

```
public class TimeSeriesPoint {
    private final double[] measurements;  //矢量值
    private final int hashCode;

    public TimeSeriesPoint(double[] values) {
        int hashCode = 0;
        measurements = new double[values.length];
        for (int i = 0; i < values.length; i++) {
```

```
            hashCode += new Double(values[i]).hashCode();
            measurements[i] = values[i];
        }
        this.hashCode = hashCode;
    }

    public double get(int dimension) {
        return measurements[dimension];
    }

    public double[] toArray() {
        return measurements;
    }

    public int size() {
        return measurements.length;
    }

    @Override
    public boolean equals(Object o) {
        if (this == o)
            return true;
        else if (o instanceof TimeSeriesPoint) {
            final double[] testValues = ((TimeSeriesPoint) o).toArray();
            if (testValues.length == measurements.length) {
                for (int x = 0; x < measurements.length; x++)
                    if (measurements[x] != testValues[x])
                        return false;

                return true;
            } else
                return false;
        } else
            return false;
    }

    @Override
    public int hashCode() {
        return hashCode;
    }
}
```

TimeSeriesItem 类表示时间序列项：

```
public final class TimeSeriesItem {
    private final double time;
    private final TimeSeriesPoint point;

    public TimeSeriesItem(double time, TimeSeriesPoint point) {
        this.time = time;
```

```
            this.point = point;
        }

        public double getTime() {
            return time;
        }

        public TimeSeriesPoint getPoint() {
            return point;
        }

    }
```

3.5 动态时间规整

对于时间序列，使用最经常使用的欧几里得距离来计算相似度存在很明显的缺陷。举个比较简单的例子，序列 A：1,1,1,10,2,3，序列 B：1,1,1,2,10,3，如果用欧几里得距离，也就是 distance[i][j]=(b[j]-a[i])*(b[j]-a[i])来计算，则总的距离和是 128，应该说这个距离是非常大的，而实际上这个序列的图像是十分相似的。这种情况下就有人开始考虑寻找新的时间序列距离的计算方法，然后提出了 DTW(dynamic time warping，动态时间规整)算法。这种算法在语音识别、机器学习方面有着很重要的作用。

这个算法是基于动态规划的思想，解决了发音长短不一的模板匹配问题，简单来说，就是通过构建一个邻接矩阵，寻找最短路径和。

还以上面的两个序列作为例子，A 中的 10 和 B 中的 2 对应以及 A 中的 2 和 B 中的 10 对应的时候，distance[3]以及 distance[4]肯定是非常大的，这就直接导致了最后距离和的膨胀，这种时候，需要调整一下时间序列，如果让 A 中的 10 和 B 中的 10 对应，A 中的 1 和 B 中的 2 对应，那么最后的距离和就将大大缩短，这种方式可以被看作一种时间扭曲。看到这里，相信应该会有人提出来，为什么不能使用 A 中的 2 与 B 中的 2 对应的问题，那样的话距离和肯定是 0 了啊，距离应该是最小的吧，但这种情况是不允许的，因为 A 中的 10 是发生在 2 的前面，而 B 中的 2 则发生在 10 的前面，如果对应方式交叉，则会导致时间上的混乱，不符合因果关系。两个序列对齐的方式如图 3-2 所示。

接下来，以 output[5][5]（所有的记录下标从 0 开始，开始时全部置 0）记录 A 和 B 之间的 DTW 距离。简单介绍一下具体的算法：这个算法其实就是一个如图 3-3 所示的动态规划，其循环等式是：

```
    output[i][j]=Min(Min(output[i-1][j],output[i][j-1]),output[i-1][j-1])+dis
tance[i][j];
```

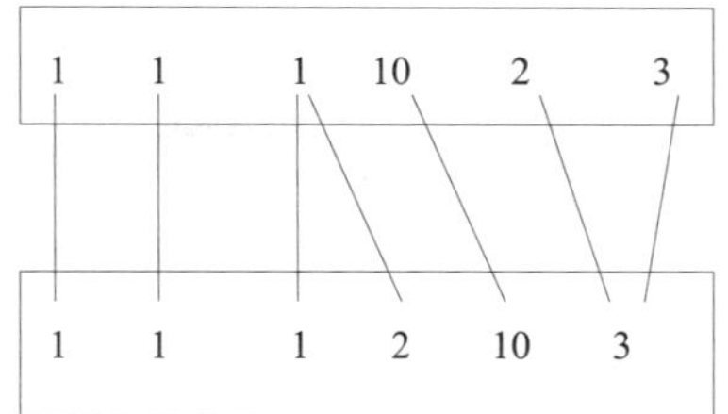

图 3-2　两个序列对齐

最后得到的 output[5][5]就是所需要的 DTW 距离。

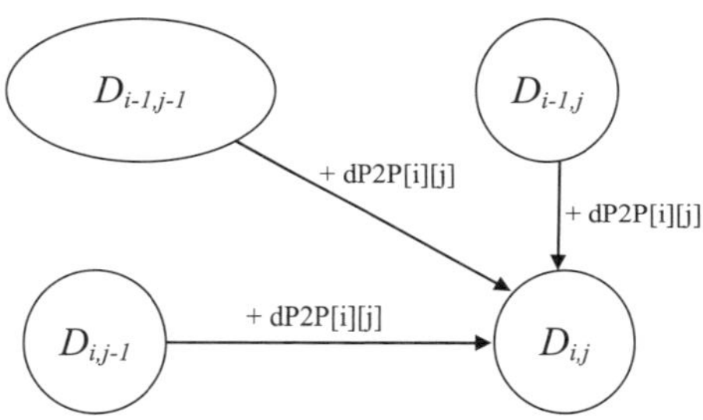

图 3-3　DTW 计算依赖关系图

DTW 距离实现代码如下：

```
//计算两个点的相似度
private static double pointDistance(int i, int j, double[] ts1, double[] ts2) {
      double diff = ts1[i] - ts2[j];
      return (diff * diff);
}

//计算两个序列 ts1 和 ts2 的距离
public static double DTWDistance(double[] ts1, double[] ts2) {
    int i, j;

    //构建一个点对点的距离矩阵
    double[][] dP2P = new double[ts1.length][ts2.length];
    for (i = 0; i < ts1.length; i++) {
        for (j = 0; j < ts2.length; j++) {
            dP2P[i][j] = pointDistance(i, j, ts1, ts2);
        }
    }

    //用动态规划算法构建最优距离矩阵
    double[][] D = new double[ts1.length][ts2.length];
```

```
    D[0][0] = dP2P[0][0]; //开始点

    for (i = 1; i < ts1.length; i++) { //用最优值填充距离矩阵的第一列
        D[i][0] = dP2P[i][0] + D[i - 1][0];
    }

    for (j = 1; j < ts2.length; j++) { //用最优值填充距离矩阵的第一行
        D[0][j] = dP2P[0][j] + D[0][j - 1];
    }

    for (i = 1; i < ts1.length; i++) { //填充剩下的
        for (j = 1; j < ts2.length; j++) {
            double[] steps = { D[i - 1][j - 1], D[i - 1][j], D[i][j - 1] };
            double min = Math.min(steps[0], Math.min(steps[1], steps[2]));
            D[i][j] = dP2P[i][j] + min;
        }
    }

    i = ts1.length - 1;
    j = ts2.length - 1;
    return D[i][j];
}
```

测试：

```
public static void main(String[] args) {
      double[] ts1 = { 1,1,1,10,2,3};              //第一个序列
      double[] ts2 = { 1,1,1,2,10,3};              //第二个序列

      System.out.println(DTWDistance(ts1,ts2));    //输出两个序列的相似度
}
```

输出 2。因为序列 ts1 中的 1 对应序列 ts2 中的 2，序列 ts1 中的 2 对应序列 ts2 中的 3，这两点的差加起来是 2。

3.6 傅里叶变换

将音频数据提取到一个数组后，可以将 N 个数据样本传递给计算离散傅里叶变换的函数（或更有效的快速傅里叶变换）。

3.6.1 离散傅里叶变换

离散傅里叶变换（DFT）是数字信号处理（DSP）的一种基本但非常通用的算法。

这里逐步介绍从头开始实现算法的步骤。

音频信号可以分解成不同振幅、频率、相位的正弦波的叠加。波的相位用复数来表示。

DFT 总体上是一个将 n 个复数的向量映射到 n 个复数的另一个向量的函数。使用基于 0 的索引，令 $\boldsymbol{x}(t)$表示输入向量的第 t 个元素，并让 $\boldsymbol{X}(k)$表示输出向量的第 k 个元素。然后基本的 DFT 由以下公式给出：

$$\boldsymbol{X}(k)=\sum_{t=0}^{n-1}\boldsymbol{x}(t)\mathrm{e}^{-2\pi\mathrm{i}tk/n}$$

式中，向量 $\boldsymbol{x}$ 表示各个时间点的信号水平；向量 $\boldsymbol{X}$ 表示各个频率下的信号水平；公式表示频率 k 处的信号水平等于{每个时间 t 的信号水平乘以复数指数}的和。

DFT 采用 n 个复数的输入向量，并计算 n 个复数的输出向量。由于 Java 没有原生的复数类型，所以我们将用一对实数手动模拟一个复数。向量是一个数字序列，可以用数组表示。我们不会返回输出数组，而是通过引用将它们作为参数传入。我们来写一个骨架方法：

```
void dft(double[] inreal , double[] inimag,
        double[] outreal, double[] outimag) {
    //假设所有 4 个数组具有相同的长度
    int n = inreal.length;
    //未完成的方法体
}
```

接下来，编写外部循环为每个输出元素分配一个值：

```
void dft(double[] inreal , double[] inimag,
        double[] outreal, double[] outimag) {
    int n = inreal.length;
    for (int k = 0; k < n; k++) {  //对于每个输出元素
        outreal[k] = ?;  //未完成
        outimag[k] = ?;  //未完成
    }
}
```

求和符号虽然看起来很吓人，但实际上很容易理解。有限求和的一般形式仅仅意味着：

$$\sum_{j=a}^{b}f(j)=f(a)+f(a+1)+\cdots+f(b-1)+f(b)$$

看看我们如何取代 j 的值？在代码中，它看起来像这样：

```
double sum = 0;
for (int j = a; j <= b; j++) {
    sum += f(j);
}
```

```
//sum 的值现在有了想要的答案
```

复数的算术：

复数的加法很容易：

```
(a+bi) + (c+di) = (a+c) + (b+d)i
```

复数的乘法稍微困难一些，使用分配律和 $i^2 = -1$：

$$(a+bi)(c+di) = ac + adi + bci - bd = (ac-bd) + (ad+bc)i$$

欧拉公式告诉我们，对于任何实数 x 有：$e^{xi} = \cos x + i\sin x$。

而且，余弦是偶函数。因此 $\cos(-x) = \cos x$。正弦是奇函数，所以 $\sin(-x) = -(\sin x)$。

通过替换：

$$e^{-2\pi i tk/n} = e^{(-2\pi tk/n)i} = \cos\left(-2\pi\frac{tk}{n}\right) + i\sin\left(-2\pi\frac{tk}{n}\right) = \cos\left(2\pi\frac{tk}{n}\right) - i\sin\left(2\pi\frac{tk}{n}\right)$$

设 $\mathrm{Re}(x)$是 x 的实部，并设 $\mathrm{Im}(x)$是 x 的虚部。根据定义，$x = \mathrm{Re}(x) + i\mathrm{Im}(x)$。因此：

$$x(t)e^{-2\pi i tk/n} = [\mathrm{Re}(x(t)) + i\mathrm{Im}(x(t))]\left[\cos\left(2\pi\frac{tk}{n}\right) - i\sin\left(2\pi\frac{tk}{n}\right)\right]$$

展开复数乘法得到：

$$x(t)e^{-2\pi i tk/n} = \left[\mathrm{Re}(x(t))\cos\left(2\pi\frac{tk}{n}\right) + \mathrm{Im}(x(t))\sin\left(2\pi\frac{tk}{n}\right)\right]$$

$$+ i\left[-\mathrm{Re}(x(t))\sin\left(2\pi\frac{tk}{n}\right) + \mathrm{Im}(x(t))\cos\left(2\pi\frac{tk}{n}\right)\right]$$

因此，总和中的每一项都有这个实部和虚部的代码：

```
double angle = 2 * Math.PI * t * k / n;
double real =  inreal[t] * Math.cos(angle) + inimag[t] * Math.sin(angle);
double imag = -inreal[t] * Math.sin(angle) + inimag[t] * Math.cos(angle);
```

将每个项目求和的代码合并到总的代码中，我们就完成了：

```
static void dft(double[] inreal , double[] inimag,
            double[] outreal, double[] outimag) {
    int n = inreal.length;
    for (int k = 0; k < n; k++) {  //对于每个输出元素
        double sumreal = 0;
        double sumimag = 0;
        for (int t = 0; t < n; t++) {  //对于每个输入元素
            double angle = 2 * Math.PI * t * k / n;
            sumreal +=  inreal[t] * Math.cos(angle) + inimag[t] * Math.sin(angle);
            sumimag += -inreal[t] * Math.sin(angle) + inimag[t] * Math.cos(angle);
        }
        outreal[k] = sumreal;
```

```
            outimag[k] = sumimag;
        }
    }
```

3.6.2 快速傅里叶变换

有多种离散傅里叶变换（DFT）的快速算法，最常见的是 Cooley-Tukey 算法。目前一般所指的快速傅里叶变换（FFT）算法就是 Cooley-Tukey 算法。这一方法以分治法为策略递归地将长度为 $N=N_1N_2$ 的离散傅里叶变换分解为长度为 N_1 的 N_2 个较短序列的离散傅里叶变换，以及与 $O(N)$个旋转因子的复数乘法。

最简单的情况：假设 N=2。

$$\boldsymbol{X}(k)=\sum_{t=0}^{n-1}\boldsymbol{x}(t)\mathrm{e}^{-2\pi\,\mathrm{i}tk/n}=\boldsymbol{x}(0)+\boldsymbol{x}(1)\mathrm{e}^{-\pi\,\mathrm{i}k}$$

当 k=0 时，$\boldsymbol{X}(0)=\boldsymbol{x}(0)+\boldsymbol{x}(1)$

当 k=1 时，$\boldsymbol{X}(1)=\boldsymbol{x}(0)-\boldsymbol{x}(1)$

计算给定复向量的 DFT，并将结果存回到向量中。向量的长度必须是 2 的乘方。使用 Cooley-Tukey 算法（按时间抽取基数 2 算法）。

```
public static void transformRadix2(double[] real, double[] imag) {
    //长度变量
    int n = real.length;
    if (n != imag.length)
      throw new IllegalArgumentException("Mismatched lengths");
    int levels = 31 - Integer.numberOfLeadingZeros(n);
      //Equal to floor(log2(n))
    if (1 << levels != n)
      throw new IllegalArgumentException("Length is not a power of 2");

    //构建三角函数表
    double[] cosTable = new double[n / 2];
    double[] sinTable = new double[n / 2];
    for (int i = 0; i < n / 2; i++) {
      cosTable[i] = Math.cos(2 * Math.PI * i / n);
      sinTable[i] = Math.sin(2 * Math.PI * i / n);
    }

    //位反转寻址置换
    for (int i = 0; i < n; i++) {
      int j = Integer.reverse(i) >>> (32 - levels);
      if (j > i) {
          double temp = real[i];
          real[i] = real[j];
          real[j] = temp;
```

```
                temp = imag[i];
                imag[i] = imag[j];
                imag[j] = temp;
            }
        }

        //Cooley-Tukey 以 2 为基数按时间抽取的 FFT
        for (int size = 2; size <= n; size *= 2) {
            int halfsize = size / 2;
            int tablestep = n / size;
            for (int i = 0; i < n; i += size) {
                for (int j = i, k = 0; j < i + halfsize; j++, k += tablestep) {
                    int l = j + halfsize;
                    double tpre =  real[l] * cosTable[k] + imag[l] * sinTable[k];
                    double tpim = -real[l] * sinTable[k] + imag[l] * cosTable[k];
                    real[l] = real[j] - tpre;
                    imag[l] = imag[j] - tpim;
                    real[j] += tpre;
                    imag[j] += tpim;
                }
            }
            if (size == n)  //防止溢出
                break;
        }
    }
```

计算任意长度向量的 FFT 需要使用循环卷积。

计算给定复数向量的循环卷积。每个向量的长度必须相同。

```
    public static void convolve(double[] xreal, double[] ximag,
            double[] yreal, double[] yimag, double[] outreal, double[] outimag) {

        int n = xreal.length;
        if (n != ximag.length || n != yreal.length || n != yimag.length
                || n != outreal.length || n != outimag.length)
            throw new IllegalArgumentException("Mismatched lengths");

        xreal = xreal.clone();
        ximag = ximag.clone();
        yreal = yreal.clone();
        yimag = yimag.clone();
        //计算给定复向量的 DFT，并将结果存回到向量中
        transform(xreal, ximag);
        transform(yreal, yimag);

        for (int i = 0; i < n; i++) {
            double temp = xreal[i] * yreal[i] - ximag[i] * yimag[i];
            ximag[i] = ximag[i] * yreal[i] + xreal[i] * yimag[i];
            xreal[i] = temp;
```

```
        }
        inverseTransform(xreal, ximag);     //逆变换

        for (int i = 0; i < n; i++) {        //缩放(因为这个 FFT 实现省略了它)
          outreal[i] = xreal[i] / n;
          outimag[i] = ximag[i] / n;
        }
}
```

不限制向量长度的 FFT。使用 Bluestein 线性调频 *Z* 变换算法实现：

```
public static void transformBluestein(double[] real, double[] imag) {
        //找出 2 的幂卷积长度 m，使得 m> = n * 2 + 1
        int n = real.length;
        if (n != imag.length)
          throw new IllegalArgumentException("Mismatched lengths");
        if (n >= 0x20000000)
          throw new IllegalArgumentException("Array too large");
        int m = Integer.highestOneBit(n) * 4;

        //构建三角函数表
        double[] cosTable = new double[n];
        double[] sinTable = new double[n];
        for (int i = 0; i < n; i++) {
          int j = (int)((long)i * i % (n * 2));  //这比 j = i * i 更准确
          cosTable[i] = Math.cos(Math.PI * j / n);
          sinTable[i] = Math.sin(Math.PI * j / n);
        }

        //临时向量和预处理
        double[] areal = new double[m];
        double[] aimag = new double[m];
        for (int i = 0; i < n; i++) {
          areal[i] =  real[i] * cosTable[i] + imag[i] * sinTable[i];
          aimag[i] = -real[i] * sinTable[i] + imag[i] * cosTable[i];
        }
        double[] breal = new double[m];
        double[] bimag = new double[m];
        breal[0] = cosTable[0];
        bimag[0] = sinTable[0];
        for (int i = 1; i < n; i++) {
          breal[i] = breal[m - i] = cosTable[i];
          bimag[i] = bimag[m - i] = sinTable[i];
        }

        //卷积
        double[] creal = new double[m];
        double[] cimag = new double[m];
        convolve(areal, aimag, breal, bimag, creal, cimag);
```

```
        //后处理
        for (int i = 0; i < n; i++) {
          real[i] =  creal[i] * cosTable[i] + cimag[i] * sinTable[i];
          imag[i] = -creal[i] * sinTable[i] + cimag[i] * cosTable[i];
        }
}
```

计算给定复向量的DFT，并将结果存回到向量中。向量可以有任何长度。这是一个包装函数。

```
public static void transform(double[] real, double[] imag) {
        int n = real.length;
        if (n != imag.length)
          throw new IllegalArgumentException("Mismatched lengths");
        if (n == 0)
          return;
        else if ((n & (n - 1)) == 0)  //是 2 的幂
          transformRadix2(real, imag);
        else  //用于任意长度的更复杂的算法
          transformBluestein(real, imag);
}
```

可以根据 FFT 的输出结果得到幅度和相位。幅度编码为复数的模。Audacity 中显示的是频谱图，其中 Y 轴的值可以被看作复数的模（$\mathrm{sqrt}(x^2+y^2)$），而相位被编码为角度（$\mathrm{atan2}(y,x)$）。

正频率代表了逆时针的圆周运动，负频率代表了顺时针的圆周运动。

3.7　MFCC 特征

以梅尔频率倒普系数（MFCC）为例，对于语音信号处理如下：

（1）输入 16kHz 采样音频。

（2）以一个 25ms 的窗口（每次移动 10ms 将输出一个矢量序列，即每 10ms 一个）产生数值序列。

（3）乘以窗口函数，例如海明距离。

（4）执行 FFT。

（5）在每个频率桶中记录能量。

（6）做离散余弦变换（DCT），得到“倒谱”。

（7）保留倒谱的前 13 个系数。

在深度学习中，可以直接读取声音的波形文件，不用 MFCC 特征。

3.8　在线解码

首先介绍使用现成的模型识别英语，然后介绍使用 Alex-ASR 实现在线解码。

3.8.1　使用现成的模型

使用已构建的 online-nnet2 模型的示例：

在本节中，将解释如何从 www.kaldi-asr.org 下载已构建的 online-nnet2 模型，并根据自己的数据对其进行评估。

在一个新创建的目录下使用以下命令下载一个识别英语的模型存档并将其解压缩：

```
#wget  http://kaldi-asr.org/downloads/build/5/trunk/egs/fisher_english/s5/exp/nnet2_online/nnet_a_gpu_online/archive.tar.gz -O nnet_a_gpu_online.tar.gz
#wget  http://kaldi-asr.org/downloads/build/2/sandbox/online/egs/fisher_english/s5/exp/tri5a/graph/archive.tar.gz -O graph.tar.gz
#mkdir -p nnet_a_gpu_online graph
#tar zxvf nnet_a_gpu_online.tar.gz -C nnet_a_gpu_online
#tar zxvf graph.tar.gz -C graph
```

这个模型位于 http://kaldi-asr.org/downloads/build/2/sandbox/online/egs/fisher_english/s5，是使用 fisher_english 配方构建的。

上面的命令下载了两个目录：exp/tri5a/graph 和 exp/nnet2_online/nnet_a_gpu_online。

修改配置文件中的路径名，可以用如下的 Shell 脚本实现：

```
for x in nnet_a_gpu_online/conf/*conf; do
  cp $x $x.orig
  sed s:/export/a09/dpovey/kaldi-clean/egs/fisher_english/s5/exp/nnet2_online/:$(pwd)/: < $x.orig > $x
done
```

可以把上面的代码写入 change_config.sh 文件中，然后执行：

```
#sh change_config.sh
```

接下来，选择要解码的单个.wav 文件。可以通过如下命令来下载示例文件：

```
#wget http://www.signalogic.com/melp/EngSamples/Orig/ENG_M.wav
```

这是在网上找到的 8kHz 采样的.wav 文件。可以使用以下命令对其进行解码：

```
#/home/kaldi/src/online2bin/online2-wav-nnet2-latgen-faster --do-endpointing=false \
     --online=false \
     --config=nnet_a_gpu_online/conf/online_nnet2_decoding.conf \
     --max-active=7000 --beam=15.0 --lattice-beam=6.0 \
     --acoustic-scale=0.1 --word-symbol-table=graph/words.txt \
    nnet_a_gpu_online/final.mdl  graph/HCLG.fst  "ark:echo  utterance-id1 utterance-id1|" "scp:echo utterance-id1 ENG_M.wav|" \
   ark:/dev/null
```

输出结果如下：

```
    LOG(online2-wav-nnet2-latgen-faster[5.5.159~1420-46826]:ComputeDerivedVars():
ivector-extractor.cc:183) Computing derived variables for iVector extractor
    LOG   (online2-wav-nnet2-latgen-faster[5.5.159~1420-46826]:ComputeDerivedVars():
ivector-extractor.cc:204) Done.

    utterance-id1 tons of what on the way for races two miles and then in nineteen
ninety two by so let's say ooh [noise] three them all these to commemorate columbus
is drawn into the new world five hundred years ago i went to the moon is to promote
the use of so the sales in space exploration
    LOG (online2-wav-nnet2-latgen-faster[5.5.159~1420-46826]:main():online2-wav-
nnet2-latgen-faster.cc:276) Decoded utterance utterance-id1
    LOG (online2-wav-nnet2-latgen-faster[5.5.159~1420-46826]:Print():online-
timing.cc:55) Timing stats: real-time factor for offline decoding was 1.24083 =
20.4748
    seconds  / 16.5009 seconds.
    LOG (online2-wav-nnet2-latgen-faster[5.5.159~1420-46826]:main():online2-wav-
nnet2-latgen-faster.cc:282) Decoded 1 utterances, 0 with errors.
    LOG
(online2-wav-nnet2-latgen-faster[5.5.159~1420-46826]:main():online2-wav-nnet2
-latgen-faster.cc:284) Overall likelihood per frame was 0.285607 per frame over
     1648 frames.
```

为了识别中文，当前可以使用 CVTE 中文普通话识别模型（http://kaldi-asr.org/models/2/0002_cvte_chain_model.tar.gz），使用 Aishell(http://www.openslr.org/resources/33/data_aishell.tgz)中的.wav 文件 BAC009S0028W0121.wav 做测试。

将 0002_cvte_chain_model.tar.gz 解压到 kaldi/egs 下。

在/home/kaldi/src/online2bin 目录下运行：

```
    ./online2-wav-nnet3-latgen-faster --do-endpointing=false --online=false
--feature- type=fbank --fbank-config=../../egs/cvte/s5/conf/fbank.conf --max-
active=7000 --beam=15.0 --lattice-beam=6.0 --acoustic-scale=1.0 --word-symbol-
table=../../egs/cvte/s5/exp/chain/tdnn/graph/words.txt  ../../egs/cvte/s5/exp/
chain/tdnn/final.mdl ../../egs/cvte/s5/exp/chain/tdnn/graph/HCLG.fst 'ark:echo
utter1 utter1|' 'scp:echo utter1 /home/corpus/BAC009S0028W0121.wav|' ark:/dev/
null
```

3.8.2 使用 Alex-ASR

下载源代码：

```
#git clone https://github.com/choko/alex-asr.git
```

更新源：

```
#apt-get update
```

安装依赖包：

```
#apt-get install -y build-essential libatlas-base-dev python-dev python-pip
```

```
git wget gfortran g++ unzip zlib1g-dev automake autoconf libtool subversion
```

使用 pip 命令安装 Python 模块 cython：

```
#python -m pip install cython
```

安装 Alex-ASR：

```
#python setup.py install
```

运行识别数字的测试脚本：

```
#cd test/
#python ./test.py
```

示例用法：

```
from alex_asr import Decoder
import wave
import struct
import os

#从"asr_model_dir"目录加载语音识别模型
decoder = Decoder("asr_model_dir/")

#从输入.wav 文件加载音频帧
data = wave.open("input.wav")
frames = data.readframes(data.genframes())

#将音频数据馈送到解码器
decoder.accept_audio(frames)
decoder.decode(data.genframes())
decoder.input_finished()

#获取并打印最佳假设
prob, word_ids = decoder.get_best_path()
print " ".join(map(decoder.get_word, word_ids))
```

3.9　加权有限状态转换

因为大多数组件（语言模型、词典、词图）都可以用有限状态自动机描述，可以通过组合操作将不同的模型集成到一个模型中，所以采用加权有限状态转换（WFST）。WFST 是用于描述模型的统一框架。

级联多个 WFST。

H：HMM

C：上下文相关模型

L：词典

G：文法

级联 4 个 WFST 形式化的写法是：

H ○ C ○ L ○ G。

只需要将这个识别网络（WFST 网络）读入内存，然后基于声学模型就可以在这个网络上完成解码，不需要像原有系统那样同时考虑声学模型、词典、语言模型等。这样简化了语音识别系统的设计与实现。

3.9.1 FSA

有限状态接收器（finite state acceptor，FSA）接收一个字符串的集合。一个字符串是一个符号序列。对于给定的字符串，FSA 返回“接收”或者“不接收”两种结果。

将 FSA 视为可能是无限数量的字符串集的表示。

图 3-4 是一个只接收字符串 yes 和 no 的 FSA，即 set{yes,no}。

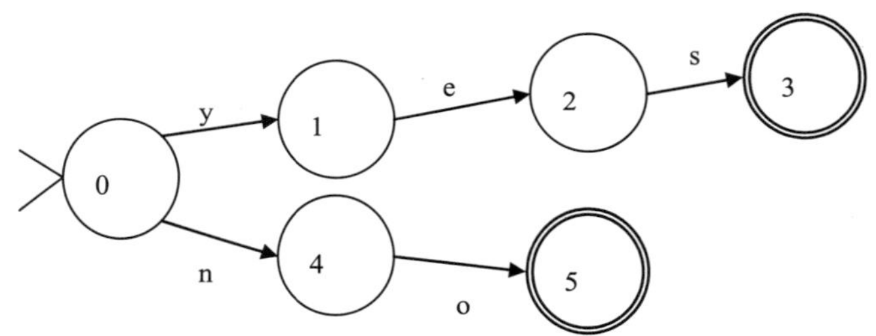

图 3-4　表示 yesno 的有限状态接收器

圈中的数字是状态标签（不是很重要）。

标签是附属于边上的符号。

箭头指向的节点是开始节点。双圈节点表示可以作为结束节点。开始节点只能有一个，而结束节点可以有多个。这样的图称为状态转换图。

dk.brics.automaton 是一个 FSA 的实现。使用它定义表示 yesno 的 FSA 代码如下：

```
String s1 = "yes";
String s2 = "no";
Automaton a= Automaton.makeString(s1);        //y e s 有限状态接收器
Automaton b= Automaton.makeString(s2);        //n o 有限状态接收器
Automaton c = BasicOperations.union(a, b);    //并运算

String word = "yes";
System.out.println(c.run(word));
```

3.9.2 FST

有限状态转换器（finite state transducer，FST）就是利用有限状态机把输入串映射成输出串。

例如判断二进制串的奇偶性，用两个状态 S1 和 S2 分别表示偶数和奇数。

使用图 3-5 所示的状态转换图来判断字符串中 1 的数量是奇数还是偶数，其状态转换表见表 3-1。例如：

1 0 1 1 0 0 1 → S1

0 0 0 1 0 0 0 → S2

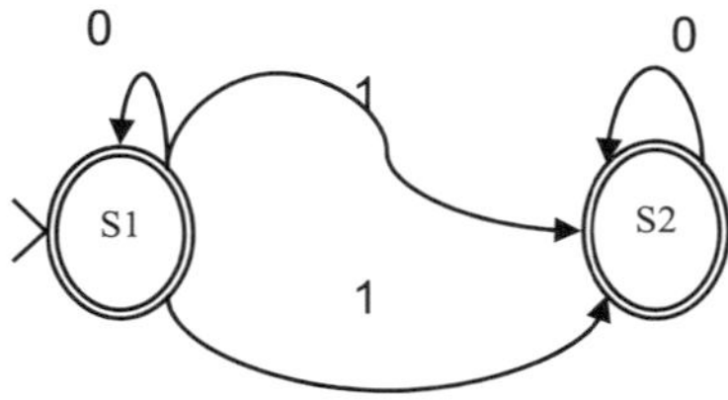

图 3-5 状态转换图

表 3-1 状态转换表

状 态	转 换
S1	0 → S1, 1 → S2
S2	0 → S2, 1 → S1

实现这个有限状态转换器的代码如下：

```
int parity(String s) {
      int state = 1;
      for(int i = 0;i< s.length();++i){
        char ch = s.charAt(i);
        switch (state){
            case 1:
                if(ch=='1')
                    state = 2;
                break;
            case 2:
                if(ch=='1')
                    state = 1;
                break;
        }
      }
      return state;
}
```

测试这个方法：

```
System.out.print(parity("01010")); //输出 1
```

为了构建最小完美散列，需要把排好序的单词{clear,clever,ear,ever,fat,father}映射到序号（0,1,2,…）。当遍历边的时候，把经过的值加起来，例如 father 在 f 命中 4 并且在 h 命中 1，因此它的输出是 5，如图 3-6 所示。

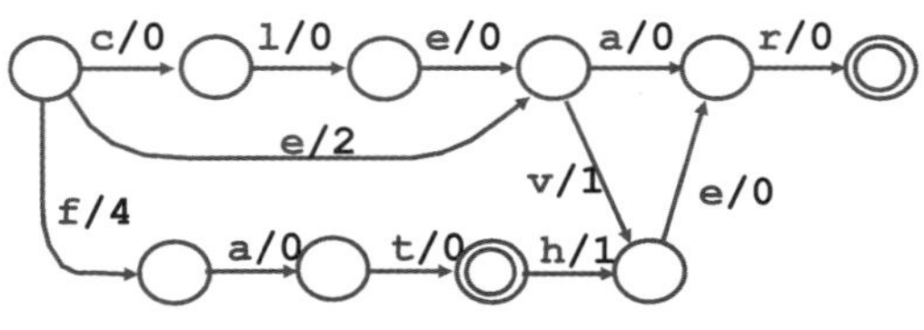

图 3-6 有限状态转换器

3.9.3 WFST

环是抽象代数中使用的基本代数结构之一。它由一个含有两个二元运算的集合组成，它可以推广加法运算和乘法运算。半环是与环相似的代数结构，但不要求每个元素必须具有加法可逆。

求和：计算序列的权重（用该序列标记的路径的权重之和）。

乘积：计算路径的权重（构成转换权重的乘积）。

常见的几类半环的比较见表 3-2。

表 3-2 几类半环的比较

Name	Set	⊕（求和）	⊗（乘积）	$\bar{0}$（零）	$\bar{1}$（一）
Boolean	{0,1}	∨	∧	0	1
Real	[0,∞]	+	*	0	1
Log	[-∞,∞]	-log (exp(-a) + exp(-b))	+	∞	0
Tropical	[-∞,∞]	min	+	∞	0

所有实际应用都使用热带半环（Tropical Semiring），其最明显的实例是在语音识别系统中的假设中组合词语的负对数概率。

在 jopenfst(https://github.com/steveash/jopenfst)中使用热带半环的例子：

```
MutableFst fst = new MutableFst(TropicalSemiring.INSTANCE);
//用符号识别状态
fst.useStateSymbols();
MutableState startState = fst.newStartState("<start>");
//设定最终权重让这个状态成为合格的最终状态
fst.newState("</s>").setFinalWeight(0.0);
```

```
//可以将符号手动添加到符号表
int symbolId = fst.getInputSymbols().getOrAdd("<eps>");
fst.getOutputSymbols().getOrAdd("<eps>");

//直接加边
fst.addArc("state1", "inA", "outA", "state2", 1.0);

//也可以使用状态实例
fst.addArc(startState, "inC", "outD", fst.getOrNewState("state3"), 123.0);
```

3.10 语音识别语料库

本节介绍几个常用的语音识别语料库，更多的语料库可以从 OpenSLR（http://www.openslr.org）网站下载。OpenSLR 是一个致力于托管语音和语言资源（如用于语音识别的训练语料库和与语音识别相关的软件）的站点。

3.10.1 TIMIT 语音库

TIMIT 语音库有着准确的音素标注，因此可以应用于语音分割性能评价，同时该数据库又含有几百个说话人语音，所以也是评价说话人识别常用的权威语音库。

阅读语音的 TIMIT 语料库旨在提供声音语音数据和自动语音识别系统的开发和评估。TIMIT 包含 630 个说话人的宽带录音，8 种主要方言的美式英语，每种阅读 10 个语音丰富的句子。TIMIT 语料库包括时间对齐的单词内容，语音和单词转录以及每个话语的 16 位，16kHz 语音波形文件。语料库设计是麻省理工学院（MIT），斯坦福研究所（SRI）和德州仪器（TI）的共同努力。演讲在 TI 录制，转录于麻省理工学院，并由美国国家标准技术研究所（NIST）验证。

3.10.2 中文语音库

中文的语音识别公共数据集一共有 3 个，分别是：

- gale_mandarin：中文新闻广播数据集（LDC2013S08）。
- hkust：中文电话数据集（LDC2005S15, LDC2005T32）。
- thchs30：清华大学 30 小时数据集。

有些数据集中包含链接。如果需要复制链接文件下的内容，可以使用 cp -av 命令。

3.11 本章小结

自然语音处理的研究方向主要包括文本朗读、语音合成、语音识别等。语音识别技术主要包括特征提取技术、模式匹配准则及模型训练技术 3 个方面。本章详细介绍了语音识别的过程。

为了能开发出有效的语音识别系统，2009 年 Kaldi 在约翰霍普金斯大学诞生了。Kaldi 不是一个语音识别系统，而是一个建立语音识别系统的系统。Kaldi 使用运行于 Linux 操作系统的 C++、Perl、Python、Bash 等多种语言开发。Kaldi 这个名字来源于一名传说中的埃塞俄比亚的牧羊人，他发现了咖啡这种植物。

FFmpeg 是一个开源的软件项目，包含用于处理多媒体数据的库和程序。FFmpeg 项目是由法国人 Fabrice Bellard 在 2000 年发起的，此人也是著名的 CPU 模拟器项目 QEMU 的发起者，同时还是圆周率算法纪录的保持者。FFmpeg 中的 FF 是 Fast Forward 的意思，翻译成中文是“快进”。

可以采用动态时间归整算法识别孤立词语音。

第 4 章 Elasticsearch 分布式搜索引擎

Elasticsearch 是一个开源的全文搜索引擎，很多用户对于大规模集群应用时遇到的各种问题难以分析处理，本章主要介绍搭建 Elasticsearch 集群、索引数据、实现搜索接口、Elasticsearch 源代码分析等。

4.1 搭建 Elasticsearch 集群

在 Ubuntu 下，可以使用 debian 安装包安装 Elasticsearch。这个安装包仅依赖 Java。

使用 wget 命令下载 debian 安装包：

```
# wget https://artifacts.elastic.co/downloads/elasticsearch/elasticsearch-6.5.4.deb
```

安装这个软件包：

```
# dpkg -i elasticsearch-6.5.4.deb
```

安装成功后，可以使用 systemd 运行 Elasticsearch，启动服务：

```
# sudo /bin/systemctl daemon-reload
# sudo /bin/systemctl enable elasticsearch.service
# sudo systemctl start elasticsearch.service
```

可以使用 curl 命令与 Elasticsearch 打交道。通过 curl 命令发送 HTTP 请求给本地节点的例子：

```
# curl -XGET 'http://localhost:9200/'
```

返回类似下面的结果：

```
{
  "name" : "gjqSBPz",
  "cluster_name" : "elasticsearch",
  "cluster_uuid" : "a6VrjsiaQbSZY0RWxfWNYw",
  "version" : {
    "number" : "6.5.4",
    "build_flavor" : "default",
    "build_type" : "deb",
    "build_hash" : "d2ef93d",
    "build_date" : "2018-12-17T21:17:40.758843Z",
    "build_snapshot" : false,
    "lucene_version" : "7.5.0",
    "minimum_wire_compatibility_version" : "5.6.0",
    "minimum_index_compatibility_version" : "5.0.0"
  },
  "tagline" : "You Know, for Search"
}
```


使用 curl 命令执行简单搜索请求：

```
# curl -XPOST "http://localhost:9200/_search" -H "Content-Type: application/json" -d'
{
   "query": {
     "match_all": {}
   }
}'
```

返回类似如下的结果：


```
{"took":35,"timed_out":false,"_shards":{"total":5,"successful":5,"skipped":0,"failed":0},"hits":{"total":0,"max_score":null,"hits":[]}}
```


默认情况下，Elasticsearch 的 RESTful 服务只有本机才能访问。也就是说，无法从主机访问虚拟机中的服务。为了方便调试，可以修改 config/elasticsearch.yml 文件，加入以下两行：

```
http.host: 0.0.0.0
transport.host: 127.0.0.1
echo >> ./elasticsearch.yml http.host: 0.0.0.0
echo >> ./elasticsearch.yml transport.host: 127.0.0.1
```

然后重启服务：

```
# sudo systemctl restart elasticsearch.service
```

但线上环境切忌不要这样配置，否则任何人都可以通过这个接口修改 ES 的数据。

可以使用_analyze 接口来分析某个 analyzer/tokenizer 如何分析和索引一段文字。使用 curl 命令测试 standard 分析器：

```
# curl -XGET 'http://localhost:9200/_analyze?pretty' -H 'Content-Type: application/json' -d'
{
  "analyzer" : "standard",
```

```
  "text" : "test 111 times"
}'
```

返回结果：

```
{
  "tokens" : [
    {
      "token" : "test",
      "start_offset" : 0,
      "end_offset" : 4,
      "type" : "<ALPHANUM>",
      "position" : 0
    },
    {
      "token" : "111",
      "start_offset" : 5,
      "end_offset" : 8,
      "type" : "<NUM>",
      "position" : 1
    },
    {
      "token" : "times",
      "start_offset" : 9,
      "end_offset" : 14,
      "type" : "<ALPHANUM>",
      "position" : 2
    }
  ]
}
```

4.2　索引数据

在 build.gradle 文件中增加 Elasticsearch 相关的依赖项：

```
dependencies {
    compile group: 'org.elasticsearch', name: 'elasticsearch', version: '6.5.4'
    compile
'org.elasticsearch.client:elasticsearch-rest-high-level-client:6.5.4'
    testCompile group: 'org.elasticsearch.test', name: 'framework', version:
'6.5.4'
    testCompile group: 'junit', name: 'junit', version: '4.11'
}
```

把配置信息保存到 config.properties 文件：

```
elasticsearch.host=localhost
elasticsearch.port=9200
```

可以使用 Apache Commons Configuration 读入配置信息。为 build.gradle 文件增加依赖项：

```
    dependencies {
        compile  group:  'org.apache.commons',  name:  'commons-configuration2',
version: '2.4'
        compile group: 'commons-beanutils', name: 'commons-beanutils', version:
'1.9.3'
    }
```

连接测试：

```
    Configurations configs = new Configurations();
    Configuration config = configs.properties(new File("config.properties"));

    String esHost = config.getString("elasticsearch.host");  //从配置文件读取字符串

    int port = config.getInt("elasticsearch.port",9200);   //从配置文件读取整数
    RestHighLevelClient client = new RestHighLevelClient(
          RestClient.builder(
                new HttpHost(esHost, port, "http")));

    MainResponse response = client.info(RequestOptions.DEFAULT);

    ClusterName clusterName = response.getClusterName();
    System.out.println( "集群名: " + clusterName);
    String clusterUuid = response.getClusterUuid();
    System.out.println( "集群 Uuid: " + clusterUuid);
    String nodeName = response.getNodeName();
    System.out.println( "节点名: " + nodeName);

    org.elasticsearch.Version version = response.getVersion();
    System.out.println( "版本号: " + version);

    client.close();
```

使用 spring-context 实现依赖注入。为 build.gradle 文件增加依赖项：

```
    dependencies {
        compile group: 'org.springframework', name: 'spring-context', version:
'5.1.5.RELEASE'
    }
```

实现依赖注入的 Crawler2Es 类如下：

```
    @Configuration
    public class Crawler2Es {
        @Bean(name="searchService")
        public RestHighLevelClient restHighLevelClient() throws Configuration
Exception {
            Configurations configs = new Configurations();
            org.apache.commons.configuration2.Configuration config =
                  configs.properties(new File("config.properties"));

            String esHost = config.getString("elasticsearch.host");
```

```
        int port = config.getInt("elasticsearch.port",9200);
        return  new RestHighLevelClient(
                RestClient.builder(new HttpHost(esHost, port, "http")));
    }

    public static void main(String[] args) throws IOException, ConfigurationException
    {
        ConfigurableApplicationContext context =
                new AnnotationConfigApplicationContext(
                        Crawler2Es.class);

        RestHighLevelClient client =
            context.getBean(RestHighLevelClient.class,"searchService");

        MainResponse response = client.info(RequestOptions.DEFAULT);

        ClusterName clusterName = response.getClusterName();
        System.out.println( "集群名: " + clusterName);
        String clusterUuid = response.getClusterUuid();
        System.out.println( "集群 Uuid: " + clusterUuid);
        String nodeName = response.getNodeName();
        System.out.println( "节点名: " + nodeName);

        org.elasticsearch.Version version = response.getVersion();
        System.out.println( "版本号: " + version);
        client.close();
        context.close();
    }
}
```

为了能够使用 Jsoup 解析网页，增加如下依赖项：

```
dependencies {
    compile group: 'org.jsoup', name: 'jsoup', version: '1.11.3'
}
```

使用 RestHighLevelClient 索引数据：

```
    String url = "http://mil.news.sina.com.cn/china/2018-11-06/doc-ihmutuea7527105.
shtml";
    Document doc = Jsoup.connect(url).get(); //解析的结果就是一个文档对象
    String title = doc.getElementsByClass("main-title").first()
        .text();
    String content = doc.getElementById("article").text();

    //构造一个 RestHighLevelClient 实例连接指定 IP 地址和端口号的 Elasticsearch 搜索服务
    RestHighLevelClient client = new RestHighLevelClient(
            RestClient.builder(new HttpHost(esHost, port, "http")));

    String index = "news";
    String type = "mil";
    String id = url;
```

```
    XContentBuilder b = XContentFactory.jsonBuilder().startObject();
    b.field("title", title);
    b.field("body", content);
    b.endObject();

    //把待索引内容从 XContent 转换到 JSON 格式
    String json = Strings.toString(b);

    IndexRequest request2 = new IndexRequest(index,  type,id );
    request2.source(json, XContentType.JSON);
    client.index(request2, RequestOptions.DEFAULT);

    client.close();
```

为了检查数据，可以用如下命令列出 Elasticsearch 服务器上的所有索引：

```
    #curl http://localhost:9200/_aliases?pretty=true
```

如果有大量数据需要使用集群建立索引，索引建立后，增量较少，则可以通过告知群集将指定的一个节点从分配中排除来停用节点。

```
    #curl -XPUT localhost:9200/_cluster/settings -H 'Content-Type: application/
json' -d '{
      "transient" :{
          "cluster.routing.allocation.exclude._ip" : "10.0.0.1"
        }
    }';echo
```

这将导致 Elasticsearch 将该节点上的分片分配给其余节点，而不会将群集状态更改为黄色或红色（即使分片只有 0 个副本）。

重新分配所有分片后，可以关闭节点并执行所需要执行的任何操作。完成后，包括要分配的节点，Elasticsearch 将再次重新平衡分片。

重新路由命令允许手动更改群集中各个分片的分配。例如，可以显式地将分片从一个节点移动到另一个节点，可以取消分配，并且可以将未分配的分片显式分配给特定节点。

以下是一个 reroute API 调用的简短示例：

```
    #curl  -X  POST  "localhost:9200/_cluster/reroute"  -H  'Content-Type:
application/json' -d'
    {
        "commands" : [
            {
                "move" : {
                    "index" : "test", "shard" : 0,
                    "from_node" : "node1", "to_node" : "node2"
                }
            },
            {
              "allocate_replica" : {
                    "index" : "test", "shard" : 1,
```

```
                "node" : "node3"
            }
        }
    ]
}
'
```

4.3 实现搜索接口

最简单地，可以使用 QueryBuilders.matchAllQuery()方法查询所有数据：

```
QueryBuilder qb = QueryBuilders.matchAllQuery();
String index = "news"; //索引名

RestHighLevelClient client = new RestHighLevelClient(
      RestClient.builder(new HttpHost(Config.ip, 9200, "http")));

SearchSourceBuilder sourceBuilder = new SearchSourceBuilder();
sourceBuilder.query(qb);

SearchRequest request = new SearchRequest(index);
request.source(sourceBuilder);
SearchResponse searchResponse = client.search(request, RequestOptions.DEFAULT);

SearchHits hits = searchResponse.getHits();
for (SearchHit hit : hits) {
   Map<String, Object> retMap2 = hit.getSourceAsMap();
   //输出查询结果
   for (final Entry<String, Object> entry : retMap2.entrySet()) {
      System.out.println(entry.getKey() + " : " + entry.getValue());
   }
   System.out.println("score: " + hit.getScore()); //输出文档和查询词的匹配度分值
}
//关闭客户端
client.close();
```

按关键词查询：

```
String keyWords = "DNA";
String titleField = "title";
String bodyField = "body";

//查询内容列
MatchPhraseQueryBuilder pqBody =
       QueryBuilders.matchPhraseQuery(bodyField, keyWords);

//查询标题列
MatchPhraseQueryBuilder pqTitle =
```

```
            QueryBuilders.matchPhraseQuery(titleField, keyWords);

    //模糊查询
    QueryStringQueryBuilder fuzzyQb =
            new QueryStringQueryBuilder(keyWords);

    //或者条件连接上面 3 个查询
    QueryBuilder qb =
            QueryBuilders.boolQuery().should(pqBody).should(pqTitle).should
(fuzzyQb);
```

假设按 20 条记录分页，显示第 2 页的实现如下：

```
    SearchSourceBuilder sourceBuilder = new SearchSourceBuilder();
    sourceBuilder.query(qb);

    int from = 10;
    int size = 20;

    //设置确定结果索引的 from 选项以开始搜索
    //默认为 0
    sourceBuilder.from(from);

    //设置 size 选项，确定要返回的搜索命中数
    //默认为 10
    sourceBuilder.size(size);

    SearchRequest request = new SearchRequest(index);
    request.source(sourceBuilder);
    SearchResponse searchResponse = client.search(request, RequestOptions.DEFAULT);

    SearchHits hits = searchResponse.getHits();

    long totalHits = hits.getTotalHits(); //得到结果总数

    System.out.println("totalsize" + String.valueOf(totalHits));

    if (hits.totalHits > (from + size)) {  //判断是否有更多结果可以显示
       System.out.println("还有更多匹配结果");
    } else {
       System.out.println("结果显示完毕");
    }
```

4.4 搜索界面开发

OpenAPI 规范（OAS）定义了 REST API 的标准，与编程语言无关的接口描述，允

许人与计算机发现和理解服务的功能，而无需访问源代码，附加文档或检查网络流量。通过 OpenAPI 正确定义后，使用者可以使用最少量的实现逻辑来理解远程服务并与之交互。与低级编程的接口描述类似，OpenAPI 规范消除了调用服务时的猜测。

OpenAPI 生成器（https://github.com/OpenAPITools/openapi-generator）允许在给定 OpenAPI 规范（支持 2.0 和 3.0）的情况下自动生成 API 客户端库（SDK 生成），服务器存根、文档和配置。

OpenAPI 生成器支持的 API 客户端包括 C#、Java、Perl、PHP、Python、Typescript，支持的服务器存根包括C#(ASP.NET Core、NancyFx),Java(MSF4J、Spring、Undertow、JAX-RS: CDI、CXF、Inflector、RestEasy、Play Framework、PKMST),Kotlin(Spring Boot),PHP(Laravel、Lumen、Slim、Silex、Symfony、Zend Expressive),Python(Flask),NodeJS,Ruby(Sinatra、Rails5),Rust(rust- server),Scala(Finch、Lagom、Scalatra)。

这里分别介绍使用 Spring Boot 和 ASP.Net 开发搜索界面。

4.4.1 使用 Spring Boot 开发搜索界面

可以使用 Spring Boot 轻松创建基于微服务的搜索引擎界面。微服务可以建立在基于请求和响应的 REST（表述性状态转移）协议之上。REST 是一种针对网络应用的设计和开发方式，可以降低开发的复杂性，提高系统的可伸缩性的协议。

可以从引导器网站 https://start.spring.io/生成出适当的文件夹结构。HATEOAS(the hypermedia as the engine of application statue)是 REST 架构的主要约束。为了支持超文本驱动的 REST Web 服务表示，生成项目时，可以选择 HATEOAS 依赖项。

或者使用 curl 命令生成使用 Gradle 构建的项目：

```
    #curl "https://start.spring.io/starter.zip?type=gradle-project&language=java&bootVersion=2.1.2.RELEASE&baseDir=demo&groupId=com.lietu&artifactId=demo&name=demo&description=Demo+project+for+Spring+Boot&packageName=com.example.demo&packaging=jar&javaVersion=1.8&autocomplete=&generate-project=&style=hateoas" -H "User-Agent: Mozilla/5.0 (Windows NT 6.1; Win64; x64; rv:65.0) Gecko/20100101 Firefox/65.0" -H "Accept: text/html,application/xhtml+xml,application/ xml;q=0.9,image/webp,*/*;q=0.8" -H "Accept-Language: en-US,en;q=0.5" --compressed -H "Referer: https://start.spring.io/" -H "Connection: keep-alive" -H "Cookie: __cfduid=d51277f2ec7b7eacd5eb4737f9125c0a61549411878; _ga=GA1.2.1439080563.1549411881; _gid=GA1.2.1544543470.1549411881; _gat_UA-2728886-24=1" -H "Upgrade-Insecure-Requests: 1" -H "TE: Trailers" --output demo.zip
```

可以把生成出来的项目导入 Eclipse。

为了加快下载速度，可以在 build.gradle 文件中增加仓库地址：

```
    repositories {
        maven {url 'http://maven.aliyun.com/nexus/content/groups/public/'}
        mavenCentral()
```

```
}
```

创建一个 Example 类：

```
package com.lietu.demo;

import org.springframework.boot.*;
import org.springframework.boot.autoconfigure.*;
import org.springframework.boot.builder.SpringApplicationBuilder;
import
org.springframework.boot.web.servlet.support.SpringBootServletInitializer;
import org.springframework.web.bind.annotation.*;

@RestController
@SpringBootApplication
public class Example extends SpringBootServletInitializer{
    @Override
    protected SpringApplicationBuilder configure(SpringApplicationBuilder
application) {
        return application.sources(Example.class);
    }

    @RequestMapping("/")
    String home() {
        return "Hello World!";
    }

    public static void main(String[] args) {
        SpringApplication.run(Example.class, args);
    }

}
```

运行 Example 类。在另外一个控制台查看启动的服务：

```
# http http://localhost:8080/
```

这时，Sprinboot 使用嵌入的 Tomcat 提供 Web 服务。

src\main\resources\application.properties 文件包含所有配置相关的信息。例如修改端口号为 8090：

```
server.port = 8090
```

可以使用 bootJar 任务构建可执行的 jar：

```
bootJar {
    mainClassName = 'com.lietu.demo.Example'
}
```

要构建可执行的 jar，可以执行以下命令：

```
>.\gradlew bootJar
```

生成的可执行归档文件将放在 build\libs 目录中。在部署时，直接使用 java -jar demo-0.0.1-SNAPSHOT.jar 进行启动。

如果使用外部的 Web 服务器，可以使用 bootWar 构建 War 包。首先需要把：

```
apply plugin: 'java'
```

修改成：

```
apply plugin: 'war'
```

使用 bootWar 任务构建 War 包：

```
bootWar {
    mainClassName = 'com.lietu.demo.Example'
}
```

将 build.gradle 文件中的依赖项修改成如下的形式：

```
dependencies {
    implementation('org.springframework.boot:spring-boot-starter-web')
    providedRuntime 'org.springframework.boot:spring-boot-starter-tomcat'
   testImplementation 'org.springframework.boot:spring-boot-starter-test'
}
```

最后下载 Tomcat：

```
#wget http://mirrors.shu.edu.cn/apache/tomcat/tomcat-9/v9.0.14/bin/apache-
tomcat-9.0.14.tar.gz
```

把生成出来的 demo-0.0.1-SNAPSHOT.war 部署于这个 Tomcat 解压缩后的 webapps 目录。

也可以使用 Jetty(https://github.com/eclipse/jetty.project)作为 Web 服务器。

将 build.gradle 文件中的依赖项修改成如下的形式：

```
dependencies {
    implementation('org.springframework.boot:spring-boot-starter-web')
    providedRuntime 'org.springframework.boot:spring-boot-starter-jetty'
   testImplementation 'org.springframework.boot:spring-boot-starter-test'
}
```

使用默认选项运行 Jetty：

```
> cd demo-base
>java -jar ../start.jar
```

静态页面或者 JS、CSS、图片之类的静态资源可以放入 resources 目录下的 static 目录。把搜索首页 index.html 放入 static 目录。

```
<html>
<head>
  <title>猎兔搜索</title>
  <META http-equiv=Content-Type content="text/html; charset=utf-8">
</head>
<body>
<form id="sform" method="get" action="search">
                <input  type="text" name="query"  />
                < input  type=submit value=猎兔搜索>
</form>
```

```
    </body>
    </html>
```

把 Example 类修改如下：

```
    @RestController
    @SpringBootApplication
    public class Example extends SpringBootServletInitializer {
       @Override
       protected  SpringApplicationBuilder  configure(SpringApplicationBuilder
application) {
          return application.sources(Example.class);
       }

       @RequestMapping("/search")
       public String search(@RequestParam(value = "query") String q) {
          return "Get query:"+q;
       }

       public static void main(String[] args) {
          SpringApplication.run(Example.class, args);
       }

    }
```

这里使用了 RequestParam 注解把 URL 中的参数值解析到方法中的参数。

模型-视图-控制器（MVC）软件设计模式是一个用于在软件应用程序内分离关注点的方法。原则上，应用程序逻辑或控制器与用于向用户或视图层显示信息的技术分离。模型是控制器和视图层之间的通信工具。

在应用程序内，视图层可以使用一种或多种不同的技术来呈现视图。SpringBoot 基于 Web 的应用程序支持各种视图选项，通常称为视图模板。这些技术被描述为“模板”，因为它们提供了一种标记语言，用于在服务器端呈现期间公开视图中的模型属性。SpringBoot 支持多种模板引擎。这里介绍使用 Freemarker(https://github.com/apache/freemarker/)模板引擎。

模板引擎 FreeMarker 用于根据模板生成文本输出，可以用于生成 HTML 网页或者自动生成源代码。它是一个 Java 包，是 Java 程序员的类库。它本身并不是最终用户的应用程序，而是程序员可以嵌入到他们的产品中的东西。Freemarker 旨在用于生成 HTML Web 页面，特别是遵循 MVC 模式的基于 Servlet 的应用程序。

管理项目的 build.gradle 内容如下：

```
    apply plugin: 'java'
    apply plugin: 'eclipse'
    archivesBaseName = 'Concretepage'
    version = '1.0-SNAPSHOT'
    repositories {
       maven { url "https://repo.spring.io/libs-release" }
       mavenLocal()
```

```
    mavenCentral()
}

dependencies {
    compile 'org.freemarker:freemarker:2.3.28'
}
```

Freemarker 模板文件 search-template.ftl 的内容如下。

```
<html>
<head><title> ${websiteTitle} </title>
<body>
<p>
  ${message}
</p>
</body>
</html>
```

此模板将生成带有标题和正文消息的 HTML 输出。使用 search-template.ftl 生成 HTML 源代码：

```
//取得模板相对路径
File r=new File("");
String templatePath=r.getAbsolutePath() + "/templates";

//实例化配置类
Configuration cfg = new Configuration(Configuration.VERSION_2_3_28);
cfg.setDirectoryForTemplateLoading(new File(templatePath));
cfg.setDefaultEncoding("UTF-8");
cfg.setTemplateExceptionHandler(TemplateExceptionHandler.RETHROW_HANDLER);

//创建数据模型
Map<String, Object> modelMap = new HashMap<>();
modelMap.put("websiteTitle", "Freemarker Template Demo");
modelMap.put("message",
    "Getting started with Freemarker.<br/>Find a simple Freemarker demo.");
//实例化模板
Template template = cfg.getTemplate("search-template.ftl");

//将 freemarker 输出写入 StringWriter
StringWriter stringWriter = new StringWriter();
template.process(modelMap, stringWriter);
//从 StringWriter 获取字符串
String content = stringWriter.toString();
System.out.println(content);

//控制台输出
Writer console = new OutputStreamWriter(System.out);
template.process(modelMap, console);
console.flush();

//文件输出
```

```
    Writer file = new FileWriter (new File(templatePath+"/search-template-output.
html"));
    template.process(modelMap, file);
    file.flush();
    file.close();
```

接下来通过遍历列表显示返回的搜索结果。例如，后台传入一个 uerList 的 list 或者 Set，在模板中显示如下：

```
    <#list userList as user>
      ${user.name}
    </#list>
```

首先定义实体类 WebItem：

```
public class WebItem {
   private String url;
   private String title;
   private String body;

   public WebItem(String url, String title) {
      this.url = url;
      this.title = title;
   }
   public WebItem(String url, String title,String content) {
      this.url = url;
      this.title = title;
      body = content;
   }

   public String getUrl() {
      return url;
   }
   public void setUrl(String url) {
      this.url = url;
   }
   public String getTitle() {
      return title;
   }
   public void setTitle(String title) {
      this.title = title;
   }

   public String getBody() {
      return body;
   }
   public void setBody(String body) {
      this.body = body;
   }
}
```

将 search-template.ftl 文件修改成：

```
<html>
```

```
<head><title> ${websiteTitle} </title>
<body>
<input value="${query}"/>
Results
<#list resultItems as result>
   ${result_index + 1}. <a href="${result.url}"> ${result.title} </a> <br/>
</#list>
</body>
</html>
```

将使用 search-template.ftl 生成的 HTML 代码修改成：

```
Map<String, Object> map = new HashMap<>();
map.put("websiteTitle", "Freemarker Template Demo");
map.put("query", "keyword");
List< WebItem> items = new ArrayList<>();
items.add(new WebItem("http://url1.com","URL One"));
items.add(new WebItem("http://url2.com","URL Two"));
items.add(new WebItem("http://url3.com","URL Three"));
map.put("resultItems", items);
```

生成的 HTML 源代码如下：

```
<html>
<head><title> Freemarker Template Demo </title>
<body>
<input value="keyword"/>
Results
   1. <a href="http://url1.com"> URL One </a> <br/>
   2. <a href="http://url2.com"> URL Two </a> <br/>
   3. <a href="http://url3.com"> URL Three </a> <br/>
</body>
</html>
```

当无法从文件加载模板时，可以手动创建模板。例如：

```
String templateStr = "Hello ${user}";
//根据 StringReader 构建模板
Template template = new Template("path", new StringReader(templateStr),
      new Configuration(Configuration.VERSION_2_3_28));

Map<String, Object> map = new HashMap<>();
map.put("user", "test");

StringWriter stringWriter = new StringWriter();
template.process(map, stringWriter);
String content = stringWriter.toString();
System.out.println(content);
```

可以使用 Freemarker 中的宏实现翻页。

先通过例子了解模板中宏的用法。

首先在 macros.ftl 文件中定义宏 macro1：

```
<#macro macro1>
```

```
Helloworld.
</#macro>
```

然后在 testMacro.ftl 文件中使用宏：

```
<#import "./macros.ftl" as my>
<@my.macro1 />
```

使用 testMacro.ftl 模板：

```
Configuration cfg = new Configuration(Configuration.VERSION_2_3_28);
cfg.setDirectoryForTemplateLoading(new File(templatePath));
cfg.setDefaultEncoding("UTF-8");
cfg.setTemplateExceptionHandler(TemplateExceptionHandler.RETHROW_HANDLER);

Template template = cfg.getTemplate("testMacro.ftl");

//控制台输出
Writer console = new OutputStreamWriter(System.out);
template.process(null, console);
console.flush();
```

通过 JavaScrip 实现的分页宏：

```
<#-- 自定义的分页指令
属性:
pageNo        当前页号(int 类型)
pageSize      每页要显示的记录数(int 类型)
pageCount     总页数
toURL         单击分页标签时要跳转到的目标 URL(string 类型)
-->
<#macro pager pageNo pageSize toURL pageCount>
   <#-- 输出分页表单 -->
   <div class="page">
      <form method="post" action="${toURL}" name="qPagerForm">
         <#--用于记录当前的页数 -->
         <input type='hidden' name ='page' />
         <#-- 上一页处理 -->
         <#if (pageNo == 1)>
         <span class="disabled"><a >上一页</a></span>
         <#else>
         <span ><a href="javascript:page(${pageNo - 1})">上一页</a></span>
         </#if>
         <#-- 如果前面页数过多,显示... -->
         <#assign start=1>
         <#if (pageNo > 4)>
            <#assign start=(pageNo - 2)>
            <a href="javascript:page(1)">1</a>
            <span style='color:#444693;'>...</span>
         </#if>
         <#-- 显示当前页号和它附近的页号 -->
         <#assign end=(pageNo + 2)>
```

```
            <#if (end > pageCount)>
                <#assign end=pageCount>
            </#if>
            <#list start..end as i>
                <#if (pageNo==i)>
                    <span ><a  class="dq">${i}</a></span>
                <#else>
                   <span><a href="javascript:page(${i})">${i}</a></span>
                </#if>
            </#list>
            <#-- 如果后面页数过多,显示... -->
            <#if (end < pageCount - 1)>
                <span style='color:#444693;'>...</span>
            </#if>
            <#if (end < pageCount)>
                <a href="javascript:page(${pageCount})">${pageCount}</a>
            </#if>
            <#-- 下一页处理 -->
            <#if (pageNo == pageCount)>
                <span class="disabled"><a >下一页</a></span>
            <#else>
                <span>
                <a href="javascript:page(${pageNo + 1})">下一页</a>
                </span>
            </#if>
        </form>
        <script language="javascript">
          function page(no){
                var $qForm=$("form[name='qPagerForm']");
                $qForm.find("input[name='page']").val(no);
                $qForm.submit();
          }
        </script>
    </div>
</#macro>
```

使用这个宏的模板 testpager.ftl 的内容如下：

```
<#import "pager.ftl" as page />
<@page.pager pageNo=p.pageNo pageSize=p.pageSize toURL=p.toURL pageCount=p.
pageCount />
```

测试宏：

```
Configuration cfg = new Configuration(Configuration.VERSION_2_3_28);
cfg.setDirectoryForTemplateLoading(new File(templatePath));
cfg.setDefaultEncoding("UTF-8");
cfg.setTemplateExceptionHandler(TemplateExceptionHandler.RETHROW_HANDLER);

//创建数据模型
Map<String, Object> modelMap = new HashMap<>();

Map<String, Object> paginationData = new HashMap<>();
```

```
paginationData.put("pageNo", 5);
paginationData.put("pageSize", 10);
paginationData.put("pageCount", 30);
paginationData.put("toURL", "http://www.lietu.com");

modelMap.put("p", paginationData);

//实例化模板
Template template = cfg.getTemplate("testpager.ftl");

//将 freemarker 输出写入 StringWriter
StringWriter stringWriter = new StringWriter();
template.process(modelMap, stringWriter);
//从 StringWriter 获取 String
String content = stringWriter.toString();
System.out.println(content);
```

输出结果如下：

```
<div class="page">
   <form method="post" action="http://www.lietu.com" name="qPagerForm">
      <input type='hidden' name ='page' />
      <span ><a href="javascript:page(4)">上一页</a></span>
         <a href="javascript:page(1)">1</a>
         <span style='color:#444693;'>...</span>
            <span><a href="javascript:page(3)">3</a></span>
            <span><a href="javascript:page(4)">4</a></span>
            <span ><a  class="dq">5</a></span>
            <span><a href="javascript:page(6)">6</a></span>
            <span><a href="javascript:page(7)">7</a></span>
         <span style='color:#444693;'>...</span>
         <a href="javascript:page(30)">30</a>
         <span>
         <a href="javascript:page(6)">下一页</a>
         </span>
   </form>
   <script language="javascript">
      function page(no){
         var $qForm=$("form[name='qPagerForm']");
         $qForm.find("input[name='page']").val(no);
         $qForm.submit();
      }
   </script>
</div>
```

或者使用自定义的 PagerTag 类实现翻页。PagerTag 代码如下：

```
public class PagerTag {
   static String
      charset = "UTF-8";  //字符集

   static final String
```

```
    DEFAULT_ID = "pager";           //标签 ID

private static final int
    DEFAULT_MAX_ITEMS = Integer.MAX_VALUE,
    DEFAULT_MAX_PAGE_ITEMS = 10,
    DEFAULT_MAX_INDEX_PAGES = 10;

static final String
    OFFSET_PARAM = ".offset";       //偏移量参数

/*
 * 标签属性
 */
private String url = null;
private String index = null;
private int items = 0;
private int maxItems = DEFAULT_MAX_ITEMS;
private int maxPageItems = DEFAULT_MAX_PAGE_ITEMS;  //每页显示结果数
private int maxIndexPages = DEFAULT_MAX_INDEX_PAGES;
private boolean isOffset = false;
private String export = null;

/*
 * 标签变量
 */
private StringBuffer uri = null;
private int params = 0;
private int offset = 0;

public void setOffset(int offset) {
    this.offset = offset;
}

private long itemCount = 0;  //条目总数

private int pageNumber = 0;
private Integer pageNumberInteger = null;

private String idOffsetParam = DEFAULT_ID+OFFSET_PARAM;

public PagerTag(String u) {
    this.url = u;
    startTag();
}

public PagerTag(String u,long totalHits) {
    this.url = u;
    itemCount = totalHits;
    System.out.println("this.url :" + this.url);
    startTag();
```

```
    }

    public void startTag(){
        String baseUri=null;
        if (url != null) {
          baseUri = url;
        }
        //TODO 增加从 HttpServletRequest 对象取得参数

        if (uri == null)
          uri = new StringBuffer(baseUri.length() + 32);
        else
          uri.setLength(0);
        uri.append(baseUri);

    }

}
```

测试 PagerTag：

```
int totalHits = 132;           //结果总数
String keyWords = "DNA";       //查询词

PagerTag pagerTag = new PagerTag("./search", totalHits);

int from = 40;                 //返回结果的起始偏移量
int size = 20;                 //最多返回结果数量

pagerTag.setOffset(from);
pagerTag.setMaxPageItems(size);
pagerTag.addParam("query", keyWords);

System.out.println(pagerTag.hasNextPage());        //是否还有下一页结果
System.out.println(pagerTag.getMaxPageItems());    //得到最多返回结果数量
System.out.println(pagerTag.getNextUrl());         //下一页网址
```

在数据模型中使用 PagerTag：

```
PagerTag pagerTag =  new PagerTag("./search",totalHits);

pagerTag.setOffset(from);
pagerTag.setMaxPageItems(size);
pagerTag.addParam("query", keyWords);

modelMap.put("pager", pagerTag);
```

在模板中使用 pager 对象。

```
<#if (pager.hasNextPage())>
   <a href="${pager.getNextUrl()}" class="rnavLink">下一页 &#187;</a>
</#if>
```

为了输出翻页链接，这里调用了 pager 对象的 hasNextPage()方法和 getNextUrl()方法。

实际输出的网页样例如下：

```
    <a href="./search?query=%E5%A3%AB%E5%85%B5&amp;pager.offset=60" class="rnavLink">
下一页 &#187;</a>
```

为了测试 SpringBoot 集成 Freemarker 模板引擎，首先修改 build.gradle，增加对 spring-boot-starter-freemarker 的引用：

```
dependencies {
   implementation 'org.springframework.boot:spring-boot-starter-freemarker'
   implementation 'org.springframework.boot:spring-boot-starter-hateoas'
   implementation 'org.springframework.boot:spring-boot-starter-web'
   providedRuntime 'org.springframework.boot:spring-boot-starter-tomcat'

   testImplementation 'org.springframework.boot:spring-boot-starter-test'
}
```

将 SpringBoot 的控制器类 Example 的 home()方法修改成如下的形式：

```
@RequestMapping("/")
String home() throws TemplateException, IOException {
   String templateStr = "Hello ${user}";
   Template template = null;
   template = new Template("name", new StringReader(templateStr),
            new Configuration(Configuration.VERSION_2_3_28));

   Map<String, Object> map = new HashMap<>();
   map.put("user", "tom");

   StringWriter stringWriter = new StringWriter();
   template.process(map, stringWriter);
   String content = stringWriter.toString();
   System.out.println(content);

   return content;
}
```

执行 Example 类检查网站的输出。一切正常后可以把模板文件 search-template.ftl 复制到 src\main\resources\templates\目录。然后继续修改 home()方法：

```
    @RequestMapping("/")
    public ModelAndView home() throws TemplateException, IOException {
       ModelAndView mv = new ModelAndView("search-template");
       mv.getModelMap().addAttribute("websiteTitle", "Freemarker Template Demo");
      mv.getModelMap().addAttribute("message", "Getting started with Freemarker.
<br/>Find a simple Freemarker demo.");
       return mv;
    }
```

执行 Example 类并检查网站的输出：

```
>curl http://localhost:8080/
<html>
```

```
<head><title> Freemarker Template Demo </title>
<body>
<p>
  Getting started with Freemarker.<br/>Find a simple Freemarker demo.
</p>
</body>
</html>
```

为了整合搜索首页，将 Example 类修改成如下：

```
@RestController
@SpringBootApplication
public class Example extends SpringBootServletInitializer{
    @Override
    protected SpringApplicationBuilder configure(SpringApplicationBuilder
application) {
         return application.sources(Example.class);
    }
   @RequestMapping("/search")
   public ModelAndView search(@RequestParam(value = "query") String q)
             throws TemplateException, IOException {
      ModelAndView mv = new ModelAndView("search-template");
      mv.getModelMap().addAttribute("websiteTitle", "Freemarker Template
Demo");
      mv.getModelMap().addAttribute("message",
              "Getting started with Freemarker.<br/> query:"+q);
      return mv;
   }
   public static void main(String[] args) {
      SpringApplication.run(Example.class, args);
   }

}
```

或者采用更直接的方式得到查询和翻页参数并在响应中设置 Cookie：

```
@RequestMapping(value = "/search", method = RequestMethod.GET)
public ModelAndView search(HttpServletRequest request,
             HttpServletResponse response)  throws IOException {
    response.setCookie(cookie);  //
    ModelAndView mav = new ModelAndView();
    String q = request.getParameter("query");
    int offset = Integer.parseInt(request.getParameter("pager.offset"));
    return mav;
}
```

假设 src\main\resources\templates\目录下的 bottom.html 内容如下：

```
<br><FONT style="FONT-SIZE: 14px"><CENTER>&copy;2019 Lietu</CENTER></FONT>
```

可以使用 include 指令插入这个文件：

```
<html>
<head><title> ${websiteTitle} </title>
<body>
<p>
```

```
  ${message}
</p>
<#include "/bottom.html">
</body>
</html>
```

在 CSS 目录下的 default.css 文件中定义了 CSS 样式。HTML 文档应用 CSS 样式后的 search.html 文件内容如下：

```
<!DOCTYPE html PUBLIC "-//W3C//DTD XHTML 1.0 Transitional//EN" "http://
www.w3.org/TR/xhtml1/DTD/xhtml1-transitional.dtd">

<html xmlns="http://www.w3.org/1999/xhtml">
<head>
   <title>猎兔搜索引擎测试版本 v1</title>
   <link href="CSS/default.css" rel="stylesheet" type="text/css" />
</head>
<body>
<form id="form1">
   <div id="sHeader">
      <div id="searcher">
        <form method="get" action="search">
            <input ID="tbKeyword" class="input_text" />
            <input ID="btSearch" type=submit value="试着搜搜"/>
        </form>
      </div>
      </div>
   <div id="content">

      <div id="searcherContent">
         <div id="main">

            <div id="search-report">约有记录：XXXXXX 条</div>

                 <div class="search-item">
                    <b><a href='http://test' target="_blank">title</a>
</b>
                 </div>

                 <div class="search-item">
                    body
                 </div>

         </div>
      </div>

   </div>
  </form>
</body>
</html>
```

根据 search.html 得到的模板文件如下：

```
<!DOCTYPE html PUBLIC "-//W3C//DTD XHTML 1.0 Transitional//EN" "http://www.
w3.org/TR/xhtml1/DTD/xhtml1-transitional.dtd">
<html xmlns="http://www.w3.org/1999/xhtml">
<head>
    <title>猎兔搜索引擎测试版本 v1</title>
    <link href="CSS/default.css" rel="stylesheet" type="text/css" />
</head>
<body>
<form id="sform">
    <div id="sHeader">
        <div id="searcher">
          <form method="get" action="search">
              <input ID="tbKeyword"  class="input_text" value="${query}" />
              <input ID="btSearch" type=submit value="试着搜搜"/>
          </form>
        </div>
        </div>
    <div id="content">

        <div id="searcherContent">
            <div id="main">

                <div id="search-report">约有记录：${totalsize}条</div>

<#list resultItems as result>
                        <div class="search-item">
                            <b><a href='${result.url}' target="_blank">${result.
title}</a></b>
                        </div>

                        <div class="search-item">
                            ${result.body}
                        </div>
</#list>

            </div>
        </div>

    </div>
  </form>
</body>
</html>
```

Freemarker 集成 Elasticsearch 搜索的 search()方法如下：

```
public static void search(Map<String, Object> modelMap) throws IOException {
    List<WebItem> items = new ArrayList<>();

    String titleField = "title";
    String bodyField = "body";

    MatchPhraseQueryBuilder pqBody =
```

```
                QueryBuilders.matchPhraseQuery(bodyField, keyWords);

        MatchPhraseQueryBuilder pqTitle =
                QueryBuilders.matchPhraseQuery(titleField, keyWords);

        QueryStringQueryBuilder fuzzyQb = new QueryStringQueryBuilder(keyWords);

        QueryBuilder qb =
             QueryBuilders.boolQuery().should(pqBody).should(pqTitle).should
(fuzzyQb);

        String index = "news"; //索引名

        RestHighLevelClient client =
            new RestHighLevelClient(RestClient.builder(new HttpHost(Config.ip,
9200, "http")));
        SearchRequest request = new SearchRequest(index);

        SearchSourceBuilder sourceBuilder = new SearchSourceBuilder();
        sourceBuilder.query(qb);
        request.source(sourceBuilder);

        HighlightBuilder highlightBuilder = new HighlightBuilder();
        HighlightBuilder.Field highlightTitle = new HighlightBuilder.Field
(titleField); //title 字段高亮

        highlightTitle.highlighterType("unified"); //配置高亮类型
        //如果索引中保留了位置偏移量 高亮类型 也可以是 fvh
        //highlightTitle.highlighterType("fvh");

        highlightBuilder.field(highlightTitle); //添加到 builder
        HighlightBuilder.Field highlightBody = new HighlightBuilder.Field
(bodyField);
        highlightBuilder.field(highlightBody);

        highlightBuilder.preTags("<span style=\"color:red\">");
        highlightBuilder.postTags("</span>");

        sourceBuilder.highlighter(highlightBuilder);

        SearchResponse searchResponse = client.search(request, RequestOptions.
DEFAULT);

        SearchHits hits = searchResponse.getHits();

        long totalHits = hits.getTotalHits(); //得到结果总数

        modelMap.put("query", keyWords);
        modelMap.put("totalsize", String.valueOf(totalHits));

        for (SearchHit hit : hits) {
```

```
            //键是列名，值是文档中该列的值
            Map<String, Object> result = hit.getSourceAsMap();
            WebItem webItem = new WebItem((String) result.get("url"),
                    (String) result.get("title"),
                    (String) result.get("body"));

            HighlightField  titleHighlight  =  hit.getHighlightFields().get
(titleField);

            if (titleHighlight != null) {
               Text[] text = titleHighlight.fragments();
               String fragmentString = StringUtils.join(text, "...");
               webItem.setTitle(fragmentString);
            }

            HighlightField  bodyHighlight  =  hit.getHighlightFields().get
(bodyField);

            if (bodyHighlight != null) {
               Text[] text = bodyHighlight.fragments();
               String fragmentString = StringUtils.join(text, "...");
               webItem.setBody(fragmentString);
            }

            items.add(webItem);
        }
        client.close();
        modelMap.put("resultItems", items);
    }
```

使用 search()方法创建数据模型：

```
    Map<String, Object> map = new HashMap<>();
    search(map);
```

FMParser 类由 JavaCC(https://github.com/javacc/javacc)从语法文件 FTL.jj 生成。JavaCC 从 EBNF 表示法编写的正规文法中生成解析器。

如果对类路径有 org.elasticsearch.client:elasticsearch-rest-high-level-client 依赖关系，Spring Boot 将自动配置一个 RestHighLevelClient，它包装任何现有的 RestClient bean，重用其 HTTP 配置。

要将 REST 客户端与 Spring Boot 集成，可以像任何其他依赖项一样创建配置 Bean，然后在任何需要的地方自动装配依赖项：

```
    @Configuration
    public class ElasticsearchConfig {

        @Value("${elasticsearch.host}")
        private String host;

        @Value("${elasticsearch.port}")
```

```
        private int port;

        @Bean
        public RestHighLevelClient restHighLevelClient() {
           return  new RestHighLevelClient(RestClient.builder(new HttpHost(host,
port, "http")));
        }
    }
```

application.properties 文件的内容如下：

```
    elasticsearch.host=localhost
    elasticsearch.port=9200
```

可以使用@ResponseBody 注解返回 JSON 格式的数据，而 ResponseEntity 则表示整个 HTTP 响应：状态代码、标头和正文。因此，可以使用它来完全配置 HTTP 响应。使用 ResponseEntity 返回查询结果的代码如下：

```
    @RestController
    @SpringBootApplication
    public class Example extends SpringBootServletInitializer {
       @Override
       protected  SpringApplicationBuilder  configure(SpringApplicationBuilder
application) {
          return application.sources(Example.class);
       }

        @Autowired
        private RestHighLevelClient client;  //按照类型装配依赖对象

       @RequestMapping("/search")
       public ResponseEntity<List<WebItem>>  search(@RequestParam(value = "query")
String q) throws IOException {
          //反序列化成 Java 动态数组对象
          List<WebItem> items = new ArrayList<WebItem>();

          String titleField = "title";
          String bodyField = "body";

          MatchPhraseQueryBuilder  pqBody  =  QueryBuilders.matchPhraseQuery
(bodyField, q);

          MatchPhraseQueryBuilder pqTitle  = QueryBuilders.matchPhraseQuery
(titleField, q);

          QueryStringQueryBuilder fuzzyQb = new QueryStringQueryBuilder(q);

          QueryBuilder qb =
              QueryBuilders.boolQuery().should(pqBody).should(pqTitle).should
(fuzzyQb);

          String index = "news"; //索引名
```

```
        SearchRequest request = new SearchRequest(index);

        SearchSourceBuilder sourceBuilder = new SearchSourceBuilder();
        sourceBuilder.query(qb);
        request.source(sourceBuilder);

        HighlightBuilder highlightBuilder = new HighlightBuilder();
        HighlightBuilder.Field highlightTitle = new HighlightBuilder.Field
(titleField); //title 字段高亮
        //如果索引中保留了位置偏移量 高亮类型 也可以是 fvh
        highlightTitle.highlighterType("unified");      //配置高亮类型

        highlightBuilder.field(highlightTitle);         //添加到 builder
        HighlightBuilder.Field highlightBody = new HighlightBuilder.Field
(bodyField);
        highlightBuilder.field(highlightBody);
        sourceBuilder.highlighter(highlightBuilder);

        SearchResponse searchResponse = client.search(request, RequestOptions.
DEFAULT);

        SearchHits hits = searchResponse.getHits();

        long totalHits = hits.getTotalHits(); //得到结果总数

        for (SearchHit hit : hits) {
          Map<String, Object> result = hit.getSourceAsMap();
          //得到 URL 列
          String url = (String)result.get("url");
          //使用 WebItem bean 来构建响应
          WebItem item = new WebItem(url);

          HighlightField titleHighlight = hit.getHighlightFields().get
(titleField);

          if (titleHighlight != null) {
              Text[] text = titleHighlight.fragments();

              String fragmentString = StringUtils.join(text, "...");
              item.setTitle(fragmentString);
          }

          HighlightField bodyHighlight = hit.getHighlightFields().get
(bodyField);

          if (bodyHighlight != null) {
              Text[] text = bodyHighlight.fragments();

              String fragmentString = StringUtils.join(text, "...");
```

```
            item.setBody(fragmentString);
        }
        items.add(item);
      }

      return ResponseEntity.ok(items);
   }

   public static void main(String[] args) {
      SpringApplication.run(Example.class, args);
   }

}
```

这里将 search()方法直接放置于主类。也可以将 search()方法分离出来，单独在 SearchController 类中实现：

```
@RestController
public class SearchController {

   @Autowired
   private RestHighLevelClient client;

   @RequestMapping("/search")
   public ResponseEntity<List<WebItem>>  search(
               @RequestParam(value = "query") String q) throws IOException {
      //search 方法的具体实现
   }

}
```

缓存有助于通过减少数据库或任何昂贵资源之间的往返次数来提高应用程序的性能。但此时我们将面对像我们必须执行大量数据库查询的场景，并且假设数据库中的数据很少会发生变化。对于这种情况，每次都调用数据库不是一个好主意，但可以只缓存第一次调用数据库时的结果，并为其他调用再次返回相同的数据。

为了在 Spring Boot 应用程序中使用缓存，可以首先将@EnableCaching 注解写入主类，然后将@Cacheable 注解添加到要缓存结果的方法中。

例如，要缓存文章。表示文章的实体类 Article 如下：

```
public class Article implements Serializable {
   private long articleId;
   private String title;
   private String category;

   public Article(long i, String t, String c) {
      articleId = i;
      title = t;
      category = c;
   }
}
```

@EnableCaching 支持注解驱动的缓存管理功能。它负责注册所需的 Spring 组件以启用注解驱动的缓存管理。@EnableCaching 使用@Configuration 或@SpringBootApplication 进行注解。CacheExample 主类实现如下：

```
@RestController
@SpringBootApplication
@EnableCaching
public class CacheExample extends SpringBootServletInitializer {
   @RequestMapping("/get-article-info")
   @Cacheable(value="cacheArticleInfo")
   public ResponseEntity<List<Article>> articleInformation() {
      System.out.println("get articleInformation");

      List<Article> articleDetails =  Arrays.asList(

              /*
               *在这里，您可以添加数据库逻辑/流程以获取文章详细信息
               *暂时硬编码了 2 个值
               */
               new Article(100,"title1","content1"),
               new Article(101,"title2","content2")
          );

       return ResponseEntity.ok(articleDetails);
   }

   public static void main(String[] args) {
      SpringApplication.run(Example.class, args);
   }
}
```

通过如下网址测试缓存效果：

```
http://localhost:8080/get-article-info
```

RedisCacheManager 是一个由 Spring Boot 提供的 Redis 支持的 CacheManager。如果在我们的应用程序的类路径中提供了 Redis 并且所需的配置可用，则 Spring Boot 会自动配置 RedisCacheManager 实例。

Spring 提供了 spring-boot-starter-data-redis 来解决 Redis 依赖关系。Spring 为 Lettuce 和 Jedis 客户端库提供基本的自动配置。默认情况下，Spring Boot 2.0 使用 Lettuce。要获得池化连接工厂，我们需要提供 commons-pool2 依赖项。要使用 Lettuce，我们需要如下的 Gradle 依赖项。

```
dependencies {
    compile group: 'org.springframework.boot', name: 'spring-boot-starter-data-redis', version: '2.1.3.RELEASE'
    compile group: 'org.apache.commons', name: 'commons-pool2', version: '2.6.1'
}
```

要配置 Lettuce 池，需要将 spring.redis.*前缀与 Lettuce 池连接属性一起使用。找到 Lettuce 池样本配置。

```
spring.redis.host=localhost
spring.redis.port=6379
spring.redis.password=

spring.redis.lettuce.pool.max-active=7
spring.redis.lettuce.pool.max-idle=7
spring.redis.lettuce.pool.min-idle=2
spring.redis.lettuce.pool.max-wait=-1ms
spring.redis.lettuce.shutdown-timeout=200ms
```

可以覆盖默认的 Redis 主机、端口和密码配置。如果想要无限期地阻止，可以设置 max-wait 为一个负值。

可以使用 spring.cache.*属性控制 Spring 缓存配置。

```
spring.cache.redis.cache-null-values=false
spring.cache.redis.time-to-live=600000
spring.cache.redis.use-key-prefix=true

spring.cache.type=redis
spring.cache.cache-names=articleCache,allArticlesCache
```

缓存 articleCache 和 allArticlesCache 将存活 10min。

可以创建自己的 RedisCacheManager 来完全控制 Redis 配置。需要创建 LettuceConnectionFactory bean，RedisCacheConfiguration bean 和 RedisCacheManager，如下所示。

```
@Configuration
@EnableCaching
@PropertySource("classpath:application.properties")
public class RedisConfig {
   @Autowired
   private Environment env;

   @Bean
   public LettuceConnectionFactory redisConnectionFactory() {
    RedisStandaloneConfiguration redisConf = new RedisStandaloneConfiguration();
    redisConf.setHostName(env.getProperty("spring.redis.host"));
    redisConf.setPort(Integer.parseInt(env.getProperty("spring.redis.port"
)));
    redisConf.setPassword(RedisPassword.of(env.getProperty("spring.redis.p
assword")));
        return new LettuceConnectionFactory(redisConf);
   }
   @Bean
   public RedisCacheConfiguration cacheConfiguration() {
    RedisCacheConfiguration cacheConfig = RedisCacheConfiguration.
defaultCacheConfig()
      .entryTtl(Duration.ofSeconds(600))
```

```
        .disableCachingNullValues();
    return cacheConfig;
    }
    @Bean
    public RedisCacheManager cacheManager() {
    RedisCacheManager rcm = RedisCacheManager.builder(redisConnectionFactory())
        .cacheDefaults(cacheConfiguration())
        .transactionAware()
        .build();
    return rcm;
    }
}
```

这里的 RedisCacheConfiguration 是不可变类，可帮助自定义 Redis 缓存行为，如缓存到期时间，禁用缓存空值等。它还有助于自定义序列化策略。

如果要禁用缓存，则无须删除所有注释。只需在 application.properties 文件中添加以下行，SpringBoot 会为您完成一切。

```
spring.cache.type=none
```

为了在 Linux 下部署网站，可以从 Tomcat 官方网站 http://tomcat.apache.org/下载 tar.gz 包。

```
# wget http://apache.fayea.com/tomcat/tomcat-9/v9.0.16/bin/apache-tomcat-9.0.16.tar.gz
```

解压缩这个文件：

```
#tar -xf apache-tomcat-9.0.16.tar.gz
```

然后增加 Tomcat 所使用的内存。修改配置文件 catalina.sh：

```
#vi /usr/local/apache-tomcat-9.0.16/bin/catalina.sh
```

在文件 catalina.sh 的开始位置增加如下行：

```
JAVA_OPTS=-Xmx1024m
```

修改 Tomcat 配置文件 server.xml，把监听端口号从 8080 改到 80：

```
#vi /usr/local/apache-tomcat-9.0.16/conf/server.xml
```

可以把 Web 应用打一个 war 包，然后传到服务器上的 webapps/子路径下，会自动解压缩 war 包中的 Web 应用。

4.4.2 使用.NET 开发搜索界面

Elasticsearch.Net 是一个非常底层的客户端。NEST 是一个在 Elasticsearch.Net 上构建的高层.NET 客户端。这两个客户端的源代码都位于 https://github.com/elastic/elasticsearch-net。这里首先介绍使用 Elasticsearch.Net 实现搜索。

在 Visual Studio 中创建一个控制台程序。然后安装相关的 NuGet 包：

```
>Install-Package Elasticsearch.Net
```

使用底层客户端查询所有记录的代码如下：

```
//设置连接参数
var settings = new ConnectionConfiguration(
   new Uri("http://localhost:9200")).RequestTimeout(TimeSpan.FromMinutes(5));
settings.PrettyJson(); //为了调试，可以输出设置的 JSON 格式

//建立连接
var lowlevelClient = new ElasticLowLevelClient(settings);
//查询所有记录
var jsonPostData = PostData.Serializable(new {
   query = new
   {
      match_all = new { }
   }
});
//返回查询结果
var searchResponse = lowlevelClient.Search<StringResponse>("news", "health",
jsonPostData);

var successful = searchResponse.Success;
var responseJson = searchResponse.Body;

Console.WriteLine(responseJson);  //输出查询结果
```

为了能够使用 ConfigurationManager 类读取配置文件，引入 ConfigurationManager 包：

```
>Install-Package System.Configuration.ConfigurationManager
```

配置文件 app.config 的示例如下：

```
<?xml version="1.0" encoding="utf-8" ?>
<configuration>
  <appSettings>
   <add key="Search-Uri" value="http://localhost:9200" />
  </appSettings>
</configuration>
```

配置客户端的代码如下：

```
var node = new Uri(ConfigurationManager.AppSettings["Search-Uri"]); //读配
置文件
var settings = new ConnectionConfiguration(node)
   .RequestTimeout(TimeSpan.FromMinutes(5));
```

为了使用高层客户端，首先安装 NEST 包：

```
>Install-Package NEST
```

定义对应索引结构的 POJO 类：

```
class News
{
```

```
    public string title { get; set; }      //新闻标题
    public string body { get; set; }       //新闻内容

    public override string ToString()
    {
       return string.Format("Title: '{1}', Body: '{2}'", title, body);
    }
}
```

使用 NEST 的代码如下：

```
var node = new Uri(ConfigurationManager.AppSettings["Search-Uri"]); //读配置文件
var settings = new ConnectionSettings(node);  //建立连接设置
settings.DefaultIndex("news");
settings.DefaultTypeName("health");

var client = new ElasticClient(settings);

var rs = client.Search<News>(s => s.Query(q => q.MatchAll()));
Console.WriteLine(rs.Documents);
```

使用 Newtonsoft.Json 中的 JsonConvert.SerializeObject()方法显示返回结果。首先安装 Newtonsoft.Json 包：

```
PM> Install-Package Newtonsoft.Json
```

然后调用格式化 Json 的方法显示查询结果：

```
String keyWords = "健康";  //查询词

var rs = client.Search<News>(s => s
   .Index("news")
   .Type("health")
   .Size(50)
   .Query(q => q
      .Match(m => m
         .Field(f => f.title)
         .Query(keyWords)
      )));

Console.WriteLine("结果总数 "+rs.Total);
Console.WriteLine(JsonConvert.SerializeObject(rs.Documents));
```

如果希望使用.NET 进行 Web 开发的框架，则可以考虑选用 ASP.NET Core。ASP.NET Core 应用程序是一个控制台应用程序，嵌入了 Kestrel(https://github.com/aspnet/ AspNetCore/tree/master/src/Servers/Kestrel)Web 服务器。可在其 Program.Main 方法中创建 Web 服务器。

首先介绍在 Program.Main 方法中创建一个简单的 Echo 服务器。

打开 PowerShell 提示符并运行：

```
> mkdir echoserver
> cd echoserver
> dotnet new console
> dotnet add package Microsoft.AspNetCore -v 2.0.2
```

使用以下代码替换 Program.cs 文件的内容：

```
namespace EchoServer
{
    using Microsoft.AspNetCore.Hosting;
    using Microsoft.AspNetCore.Builder;
    using Microsoft.AspNetCore;

    class Program
    {
        static int Main(string[] args)
        {
            WebHost.CreateDefaultBuilder()
                .UseKestrel()
                .Configure(app =>
                    {
                        app.Run(httpContext =>
                        {
                            var request = httpContext.Request;
                            var response = httpContext.Response;

                            //回应标题
                            foreach (var header in request.Headers)
                            {
                                response.Headers.Add(header);
                            }

                            //回应主体
                            return request.Body.CopyToAsync(response.Body);
                        });
                    })
                .Build()
                .Run();

            return 0;
        }
    }
}
```

运行以下命令以构建应用程序：

```
>dotnet build
>dotnet run
```

Echo Server 将运行在 http://localhost:5000。测试它只是发送任何请求，服务器应该将它返回给用户。

下面尝试使用自定义标头发送 GET 请求：

```
>curl -H "Custom-Header: echo" http://localhost:5000/ -i
```

回应应该是：

```
HTTP/1.1 200 OK
Date: Tue, 19 Feb 2019 11:46:02 GMT
Server: Kestrel
Content-Length: 0
Accept: */*
Host: localhost:5000
User-Agent: curl/7.63.0
Custom-Header: echo
```

如果在 Visual Studio 中创建一个空应用，则所生成的 Program 类如下：

```
public class Program
{
   public static void Main(string[] args)
   {
      CreateWebHostBuilder(args).Build().Run();
   }

   public static IWebHostBuilder CreateWebHostBuilder(string[] args) =>
      WebHost.CreateDefaultBuilder(args)
         .UseStartup<Startup>();  //声明使用 Startup 类
}
```

Startup 类的默认实现如下：

```
public class Startup
{
   //此方法由运行时调用，使用此方法将服务添加到容器
   public void ConfigureServices(IServiceCollection services)
   {
   }

   //此方法由运行时调用，使用此方法配置 HTTP 请求管道
   public void Configure(IApplicationBuilder app, IHostingEnvironment env)
   {
      if (env.IsDevelopment())
      {
         app.UseDeveloperExceptionPage();
      }

      app.Run(async (context) =>
      {
         await context.Response.WriteAsync("Hello World!");
      });
   }
}
```

Sprinboot 在 application.properties 文件中修改 Web 服务器监听端口号，而对于 ASP.NET Core，则可以在 launchSettings.json 文件中修改 Web 服务器监听端口号。launchSettings.json

文件为一个 ASP.NET Core 应用保存特有的配置标准，用于应用的启动准备工作，包括环境变量、开发端口等。

在解决方案资源管理器中，右击项目节点，然后选择添加→新建项…选项。新建一个名为 AppSettings.json 的文件，内容如下：

```
{
  "message": "Hello, World! this message is from configuration file..."
}
```

修改 AppSettings.json 文件属性，选择“复制到输出目录”。

修改 Startup.cs 成为：

```
public class Startup
{
    public Startup()
    {
        //构建配置类的实例
        var builder = new ConfigurationBuilder()
           .AddJsonFile("AppSettings.json");
        Configuration = builder.Build();
    }

    public IConfiguration Configuration { get; set; }

    public void ConfigureServices(IServiceCollection services)
    {
    }

    public void Configure(IApplicationBuilder app, IHostingEnvironment env)
    {
        if (env.IsDevelopment())
        {
           app.UseDeveloperExceptionPage();
        }

        app.Run(async (context) =>
        {
           //从配置类读入信息
           var msg = Configuration["message"];
           await context.Response.WriteAsync(msg);
        });
    }
}
```

如果在服务器端使用模板引擎 razor，则可以增加控制类：

```
public class HomeController : Controller
{
    public IActionResult IndexAction()
    {
        return View("Index");
```

```
    }
}
```

将 Startup.cs 文件修改成为：

```
public class Startup
{
    public Startup(IConfiguration configuration)
    {
        Configuration = configuration;
    }

    public IConfiguration Configuration { get; }

    public void ConfigureServices(IServiceCollection services)
    {
        //设置 ASP.NET Core 兼容版本
        services.AddMvc().SetCompatibilityVersion(CompatibilityVersion.Version_
2_1);
    }

    public void Configure(IApplicationBuilder app, IHostingEnvironment env)
    {
        app.UseHttpsRedirection();      //使用 HTTPS 重定向
        app.UseStaticFiles();           //使用静态文件

        app.UseMvc(routes =>
        {
          routes.MapRoute(
              name: "default",          //路由名
              template: "{controller=Home}/{action=IndexAction}");  //模板
        });
    }
}
```

为了实现搜索结果翻页，可以使用 cloudscribe.Web.Pagination(https://github.com/cloudscribe/cloudscribe.Web.Pagination)。cloudscribe.Web.Pagination 是一个用于分页的 ASP.NET Core 标签助手。

如果要使用 RESTful Web API 方式构建应用，则可以修改控制类：

```
namespace server{
   [Route("api/[controller]")]
   public class HomeController : Controller{
      [HttpGet]
      [Produces("text/html")]
      public string Get()
      {
         string responseString = @"
         <title>My report</title>
         <style type='text/css'>
         button{
            color: green;
```

```
            }
            </style>
            <h1> Header </h1>
            <p>Hello There <button>click me</button></p>
            <p style='color:blue;'>I am blue</p>
            ";
            return responseString;
        }
    }
}
```

为了与 Elastic 搜索实例“对话”，NEST 使用一个名为 ElasticClient 的对象。ElasticClient 负责将 C#查询转换为发送到所连接的 Elastic 集群并由其处理普通的 JSON 请求。ElasticClient 客户端是线程安全的，在整个应用程序中只有一个实例。为了实现 ElasticClient 的单例模式，可以借助 ASP.NET Core 中自带的依赖注入包 Microsoft.Extensions.DependencyInjection 实现。

首先将在 appsettings.json 文件中设置连接到 Elastic 搜索实例的配置参数。然后创建一个 ElasticConnectionSettings 类，它将用作上述设置的容器。创建一个 ElasticClientProvider 类，它将负责实例化并包含我们将使用的实际 ElasticClient。这是我们在需要 ElasticClient 时要注入的类。最后在 DI（Dependency Injection）中注册 ElasticClientProvider 类。

打开 appsettings.json 并插入以下部分。

```
"ElasticConnectionSettings": {
    "ClusterUrl": "http://localhost:9200",
    "DefaultIndex": "news"
}
```

在项目的根目录中，创建一个名为 Elastic 的文件夹。在此文件夹中，将包含所有 Elastic 特定的对象。现在使用以下实现创建一个名为 ElasticConnectionSettings 的类：

```
public class ElasticConnectionSettings
{
    public string ClusterUrl { get; set; }

    public string DefaultIndex
    {
        get
        {
            return this.defaultIndex;
        }
        set
        {
            this.defaultIndex = value.ToLower();  //小写化
        }
    }
```

```
    private string defaultIndex;
}
```

它的属性将与 appsettings.json 文件中的属性进行匹配。DefaultIndex 属性有一个 setter，它将始终设置 appsettings.json 中指定的索引的小写值。这是因为 Elastic 中的索引必须始终为小写。

在所创建的 Elastic 文件夹中，添加一个名为 ElasticClientProvider 的新类，其中包含以下实现：

```
using Microsoft.Extensions.Options;
using Nest;

public class ElasticClientProvider
{
    public ElasticClientProvider(IOptions<ElasticConnectionSettings> settings)
    {
        //创建连接设置
        ConnectionSettings connectionSettings =
            //从 appsettings.json 获取集群 URL
            new ConnectionSettings(new System.Uri(settings.Value.ClusterUrl));
        //这将使我们能够在调试时看到发送到 Elastic 搜索的原始查询
        connectionSettings.EnableDebugMode();

        if (settings.Value.DefaultIndex != null)
        {
         //从 appsettings.json 获取索引名称
            connectionSettings.DefaultIndex(settings.Value.DefaultIndex);
        }
        //创建实际的客户端
        this.Client = new ElasticClient(connectionSettings);
    }

    public ElasticClient Client { get; }
}
```

为了使所提供的程序正常工作，必须在 Startup.cs 文件中注册一些服务。

打开 Startup.cs 并在 ConfigureServices 方法中插入以下行：

```
//从 appsettings.json 获取连接设置并将它们注入 ElasticConnectionSettings
services.AddOptions();
services.Configure<ElasticConnectionSettings>(
    Configuration.GetSection("ElasticConnectionSettings"));
```

这将告诉应用程序在 appsettings.json 中有一个名为 ElasticConnectionSettings 的部分，我们希望将其映射到之前创建的 ElasticConnectionSettings 类。

为了注册 ElasticClientProvider 类以进行注入，在 Startup.cs 文件中添加以下内容：

```
//将客户端提供程序注册为单例
```

```
services.AddSingleton(typeof(ElasticClientProvider));
```

这将使我们能够在任何需要的地方注入 ElasticClientProvider 并从中获取 ElasticClient。用法示例如下：

```
public class SomeClassThatNeedsAClient
{
    public SomeClassThatNeedsAClient(ElasticClientProvider provider)
    {
        _client = provider.Client;
    }

    private readonly ElasticClient _client;
}
```

为了使用 Elasticsearch 并使用集中化的日志，可以将 Serilog 作为支持结构化日志记录的日志框架。还有用于 Elasticsearch 的 Serilog 接收器(https://github.com/serilog/serilog-sinks-elasticsearch)。

需要将 Serilog 和 Serilog.Sinks.ElasticSearch 包添加到项目中。用于装载到 Elasticsearch 的 serilog 配置的示例代码如下：

```
var logger = new LoggerConfiguration()
    .WriteTo.Elasticsearch(new ElasticsearchSinkOptions(new Uri("http://
localhost:9200"))
    {
        ModifyConnectionSettings = x => x.SetBasicAuthentication(username,
password);
    })
    .CreateLogger();
```

服务器端除了 ASP.NET Core 还可以使用 ServiceStack(https://github.com/ServiceStack/ServiceStack)。

ServiceStack 是一个简单、快速、通用且高效的全功能 Web 和 Web 服务框架，经过精心设计，旨在通过基于消息的设计减少人为复杂性并促进远程服务最佳实践，从而实现最大程度的重用。ServiceStack 利用集成的服务网关创建松散耦合的模块化服务架构。

ServiceStack Services 可通过一系列内置的快速数据格式（包括 JSON、XML、CSV、JSV、ProtoBuf、Wire 和 MsgPack）进行消费。

这里使用模板引擎 Scriban(https://github.com/lunet-io/scriban)。Scriban 是一种快速、强大、安全且轻量级的文本模板语言和.NET 引擎，具有解析 liquid(https://shopify.github.io/liquid/)模板的兼容模式。

为了使用 Scriban，首先在 Visual Studio 的程序包管理器控制台安装 Scriban 包：

```
PM> Install-Package Scriban -Version 1.2.9
```

使用 Scriban 生成文本的例子：

```
var template = Template.Parse("Hello {{name}}!");
var result = template.Render(new { Name = "Tom" }); //=> "Hello Tom!"
```

```
Console.WriteLine(result);
```

要将文本从文件加载到字符串，可以使用 StreamReader.ReadToEnd 方法。StreamReader 实现一个 TextReader，能够按给定的编码从字节流中读取字符。创建 StreamReader 的新实例，将文件路径或 Stream 作为构造函数参数传递，并指定文本文件编码（默认为 UTF-8）。

```
string text;
using (var streamReader = new StreamReader(@"c:\file.txt", Encoding.UTF8))
{
   text = streamReader.ReadToEnd();
}
```

使用 Scriban 生成网页。模板文件 searchResult.tl 的内容如下：

```
<html>
   <head>
      <title>searchresult</title>
   </head>
   <body>
      {{ content }}
   </body>
</html>
```

使用这个模板文件：

```
string text;
using (var streamReader =
    new StreamReader(@"E:\test\Scriban\searchResult.tl", Encoding.UTF8))
{
   text = streamReader.ReadToEnd();
}

var template = Template.Parse(text);
var result = template.Render(new { content="hello" });

Console.WriteLine(result);
```

输出结果如下：

```
<html>
        <head>
                <title>searchresult</title>
        </head>
        <body>
                hello
        </body>
</html>
```

4.5　检索模型

可以认为打上了和查询词同样标签的文档是相关文档。但很多时候，猜测文档是否

有相关内容是没有把握的，所以用概率来量化这种不确定性。把信息检索作为分类问题，一类是相关文档 R，还有一类是不相关的文档 NR。根据贝叶斯判别规则，如果 $P(\mathrm{R}|\boldsymbol{D})>P(\mathrm{NR}|\boldsymbol{D})$，则 $\boldsymbol{D}$ 是相关的文档。如果 $P(\mathrm{R}|\boldsymbol{D})<P(\mathrm{NR}|\boldsymbol{D})$，则 $\boldsymbol{D}$ 是不相关的文档。例如，$P(\mathrm{R}|\boldsymbol{D})=0.8$，$P(\mathrm{NR}|\boldsymbol{D})=0.2$，则 $\boldsymbol{D}$ 是和用户查询相关的文档。图 4-1 把“新生婴儿入户须知”这个索引库中的文档分成相关文档或者不相关文档。

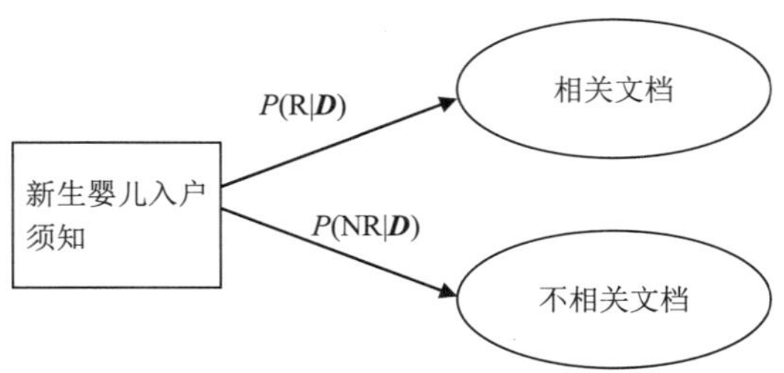

图 4-1　把信息检索看成分类问题

假设知道相关文档集合就能够计算出 $P(\boldsymbol{D}|\mathrm{R})$。例如，如果知道某个词在相关文档集合中有多频繁出现，然后，给定一个新文档，就能直接计算出这个文档中词的组合有多大可能在相关文档集合中。

使用贝叶斯公式估计概率：

$$P(\mathrm{R}\mid \boldsymbol{D})=\frac{P(\boldsymbol{D}\mid \mathrm{R})P(\mathrm{R})}{P(\boldsymbol{D})}$$

比较 $P(\mathrm{R}|\boldsymbol{D})$和 $P(\mathrm{NR}|\boldsymbol{D})$的值。如果满足 $P(\boldsymbol{D}|\mathrm{R})P(\mathrm{R})>P(\boldsymbol{D}|\mathrm{NR})P(\mathrm{NR})$，就把文档分到相关类。把一个文档分类成相关的条件可以写成：

$$\frac{P(\boldsymbol{D}\mid \mathrm{R})}{P(\boldsymbol{D}\mid \mathrm{NR})}>\frac{P(\mathrm{NR})}{P(\mathrm{R})}$$

左边的公式称为似然比，需要计算 $P(\boldsymbol{D}|\mathrm{R})$和 $P(\boldsymbol{D}|\mathrm{NR})$。为了简化计算，把文档表示成词的组合，用词概率估计 $P(\boldsymbol{D}|\mathrm{R})$和 $P(\boldsymbol{D}|\mathrm{NR})$。

用一个二值特征的向量表示文档的特征，表示文档中出现或者不出现某个词。把文档表示成二项特征组成的向量，$\boldsymbol{D}=(d_1,d_2,\cdots,d_t)$，如果词 i 出现在文档中，则 $d_i=1$，否则 $d_i=0$。假设词都是独立出现的，则 $P(\boldsymbol{D}|\mathrm{R})$可以用词概率的乘积 $\prod_{i=1}^{t}P(d_i\mid \mathrm{R})$ 计算。因为这个模型假设词独立出现，而且使用文档的二项特征，所以称为二项独立模型。

假设索引库包含 5 个词，某文档 $\boldsymbol{D}$ 根据二元假设，表示为{1,0,1,0}，其含义是这个文档出现了第 1 个、第 3 个和第 5 个词，但不包含第 2 个和第 4 个词。

用 P_i 来代表第 i 个词在相关文档集合内出现的概率，于是在已知相关文档集合的情

况下，文档 **D** 相关的概率为

$$P(\mathrm{R}|\boldsymbol{D})=P_1\times(1-P_2)\times P_3\times(1-P_4)\times P_5$$

式中，$1-P_2$ 代表了第 2 个词不出现在相关文档的概率，因为 $P(t_2|\mathrm{R})+P(\neg\ t_2|\mathrm{R})=1$。

为了计算 $P(\boldsymbol{D}|\mathrm{NR})$，假设用 S_i 代表第 i 个词语或单词在不相关文档集合内出现的概率，于是在已知不相关文档集合的情况下，观察到文档 **D** 的概率为

$$P(\boldsymbol{D}|\mathrm{NR})=S_1\times(1-S_2)\times S_3\times(1-S_4)\times S_5$$

例如，查询为："信息检索教程"，所有词项的在相关、不相关情况下的概率说明 p_i、s_i 分别如表 4-1 所示。

表 4-1　概率说明表

词　项	信　息	检　索	教　材	教　程	课　件
R 中的概率 p_i	0.8	0.9	0.3	0.32	0.15
NR 中的概率 s_i	0.3	0.1	0.35	0.33	0.10

假设文档 $\boldsymbol{D}_1$ 中只有 2 个词：检索课件

则：

$$P(\boldsymbol{D}|\mathrm{R})=(1-0.8)\times0.9\times(1-0.3)\times(1-0.32)\times0.15$$

$$P(\boldsymbol{D}|\mathrm{NR})=(1-0.3)\times0.1\times(1-0.35)\times(1-0.33)\times0.10$$

$$P(\boldsymbol{D}|\mathrm{R})/P(\boldsymbol{D}|\mathrm{NR})=4.216$$

返回到似然比。使用 P_i 和 S_i 得到分值：

$$\frac{P(\boldsymbol{D}\,|\,\mathrm{R})}{P(\boldsymbol{D}\,|\,\mathrm{NR})}=\prod_{i:d_i=1}\frac{p_i}{s_i}\prod_{i:d_i=0}\frac{1-p_i}{1-s_i}$$

式中，$\prod_{i:d_i=1}$ 是在文档向量中值为 1 的词对应的乘积。把上面的公式转换一下：

$$\prod_{i:d_i=1}\frac{p_i}{s_i}\prod_{i:d_i=0}\frac{1-p_i}{1-s_i}=\prod_{i:d_i=1}\frac{p_i}{s_i}\left(\prod_{i:d_i=1}\frac{1-s_i}{1-p_i}\prod_{i:d_i=1}\frac{1-p_i}{1-s_i}\right)\prod_{i:d_i=0}\frac{1-p_i}{1-s_i}$$

$$=\prod_{i:d_i=1}\frac{p_i(1-s_i)}{s_i(1-p_i)}\prod_{i}\frac{1-p_i}{1-s_i}$$

第二项在所有定义向量维度的词上运算，因此对任何文档来说，值都是一样的。对文档评分时可以忽略这项。

因为多个很小的数乘起来可能导致精度丢失或者向下溢出成为 0，所以对计算公式取对数。这样评分公式变成了：

$$\sum_{i:d_i=1} \log \frac{p_i(1-s_i)}{s_i(1-p_i)}$$

如果存在相关性反馈可以得到相关文档集合和不相关文档集合。也就是说，给定用户查询，如果可以确定哪些文档构成了相关文档集合，哪些文档构成了不相关文档集合，可以利用表 4-2 所列出的数据来估算单词概率。

表 4-2　某个查询的词出现情况的相依表

	相关文档	不相关文档	文档总数
d_i=1	r_i	n_i–r_i	n_i
d_i=0	R–r_i	N– n_i –R + r_i	N–n_i
文档总数	R	N–R	N

表 4-2 中第 3 行的 N 为文档集合总共包含的文档个数，R 为相关文档的个数，于是 N–R 就是不相关文档集合的大小。对于某个词语或单词 d_i 来说，假设包含这个词语的文档数量共有 n_i 个，而其中相关文档有 r_i 个，那么不相关文档中包含这个单词的文档数量则为 n_i–r_i。再考虑表中第 2 列，因为相关文档个数是 R，而其中出现过单词 d_i 的有 r_i 个，那么相关文档中没有出现过这个单词的文档个数为 R–r_i 个。同理，不相关文档中没有出现过这个单词的文档个数为(N–R)–(n_i–r_i)个。从表中可以看出，如果假设已经知道 N、R、n_i、r_i，其他参数可以靠这 4 个值推导出来。

采用最大似然估计，计算 $p_i = \frac{r_i}{R}$，$s_i = \frac{n_i - r_i}{N - R}$。为了避免 r_i=0 导致的 log0 无法计算的问题，采用相关文档和不相关文档都加 0.5 的平滑方法。这样得到 $p_i = \frac{r_i + 0.5}{R + 1}$，$s_i = \frac{n_i - r_i + 0.5}{N - R + 1}$。把这些值放入打分公式，得到

$$\sum_{i:d_i=q_i=1} \log \frac{(r_i + 0.5)/(R - r_i + 0.5)}{(n_i - r_i + 0.5)/(N - n - R + r_i + 0.5)}$$

这个打分公式没有考虑词频，相关度比考虑词频的公式低 50%。

Okapi BM25（简称 BM25）是一种相关性排序函数，适用于搜索引擎根据与给定搜索查询的相关性对匹配文档进行排序。

1. 排名函数

BM25 是一个基于单词集合的检索函数，它依据出现在每个文档中的查询词对匹配文档集合排序，而不管查询词在文档内的相互之间的联系。它不是一个单一的函数，而实际上是有略微不同的组件和参数变化的一群函数的集合。一个最典型的具体的函数

如下：

假定有一个查询词组 Q，含有关键词 $q_1,q_2,q_3,\cdots,q_n$，用 BM25 给文档 $\boldsymbol{D}$ 评分的公式为

$$\text{SCORE}(\boldsymbol{D},Q)=\sum_{i=1}^{n}\text{IDF}(q_i)\cdot\frac{f(q_i,\boldsymbol{D})(k_1+1)}{f(q_i,\boldsymbol{D})+k_1(1-b+b\dfrac{|\boldsymbol{D}|}{\text{avg }d_1})}$$

式中，$f(q_i,\boldsymbol{D})$是检索词 q_i 在文档 $\boldsymbol{D}$ 中的频率；$|\boldsymbol{D}|$是文档 $\boldsymbol{D}$ 以单词为单位的长度；avg d_1 是从抽取出的文档的文本集合的平均文档长度；k_1 和 b 是自由参数，通常选择 $k_1=2.0$ 和 $b=0.75$。IDF(q_i)是检索词 q_i 的 IDF（文档频率倒数）权重。IDF(q_i)的通常计算公式为

$$\text{IDF}(q_i)=\log\frac{N-n(q_i)+0.5}{n(q_i)+0.5}$$

其中，N 是集合中文档的总数；$n(q_i)$是包含 q_i 的文档个数。

4.5.1 使用 BM25 检索模型

基本上可以在索引设置中定义类似于自定义分析器的自定义 BM25 相似度，也就是定义 b 和 k_1 的值。例子如下：

```
# curl -XPUT "http://<server>/<index>" -d '
{
  "settings": {
    "similarity": {
      "custom_bm25": {
        "type": "BM25",          //相似性类型为 BM25
        "b":    0 ,              //设定 b 的值
         "k1" : 0.9              //设定 k1 的值
      }
    }
  }'
```

4.5.2 参数调优

为了在 BM25 中调整这些参数，它对数据集非常依赖。简单的方法是：调整参数，然后检查结果，如果不满意，更改参数并再次测试结果。也可以使用像遗传算法或蚁群算法（ant colony optimization）这样的启发式算法自动调参。

TensorFlow 归一化调优的经典方法是旋转归一化方法。但这个方法存在集合依赖问题。

可以下载 TREC 提供的数据集进行自动调参。数据集中的特殊搜索（ad hoc search）

对一个固定的文档集合，根据用户输入的查询问题返回相关性降序输出的文档列表。

Jenetics(https://github.com/jenetics/jenetics)是一个用 Java 语言编写的遗传算法库。它被设计成明确地分离算法的几个概念，例如基因、染色体、基因型、表型、群体和适应度函数（fitness function）。

在一些包含时间信息的索引中，在许多情况下，期望的结果是保持相关性得分，并为更近期的匹配提供额外的提升（更高的分数），因为数据更新鲜。为了实现这一点，可以使用 Elasticsearch 的函数评分。

```
    final MultiMatchQueryBuilder multiMatchQuery =
            QueryBuilders.multiMatchQuery("Bababooey",
                    "title^0.8", "url^0.6", "description^0.3")
              .type(MultiMatchQueryBuilder.Type.BEST_FIELDS);

    final FunctionScoreQueryBuilder functionScoreQuery =
      QueryBuilders.functionScoreQuery(multiMatchQuery);
    functionScoreQuery.scoreMode("multiply");
    functionScoreQuery.boostMode(CombineFunction.MULT);
    functionScoreQuery.add(ScoreFunctionBuilders.gaussDecayFunction("postDate
","130w")
            .setOffset("26w").setDecay(0.3));
```

这个例子提升了过去半年发布的所有文档。超过 6 个月的文档将逐渐减少，直到达到两年半的门槛。超过两年半的文档将不会根据新近度获得任何额外的评分。通过更改 setOffet 和 setDecay，可以将此提升更改至两周或任何可能的提升窗口。

4.6　搜索中文优化

在 Elasticsearch 中，可以插件方式提供自定义的文本分析功能。这里介绍如何创建一个支持中文分词的插件。选择使用 Gradle 构建中文分词插件。build.gradle 文件内容如下：

```
    apply plugin: 'java-library'
    apply plugin:'java'
    apply plugin: 'eclipse'

    repositories {
       maven {url 'http://maven.aliyun.com/nexus/content/groups/public/'}  //
存储库
       mavenCentral()
    }

    tasks.withType(JavaCompile) {
       options.encoding = 'UTF-8'    //指定编码集
```

```
    }

    ext {
        luceneVersion= "7.5.0"          //指定 Lucene 版本号
        randomizedrunnerVersion = "2.6.0"
    }

    jar {
        baseName = 'seg'                //指定 jar 包的名字
        version = '1.0'                 //指定版本号
    }

    dependencies {                      //指定依赖的包
        compile group: 'org.elasticsearch', name: 'elasticsearch', version: '6.5.4'
        compile "org.slf4j:slf4j-api:1.5.11"
        compile "org.slf4j:slf4j-simple:1.5.11"

        testCompile "org.apache.lucene:lucene-test-framework:${luceneVersion}"
        testCompile
"com.carrotsearch.randomizedtesting:randomizedtesting-runner:${randomizedrunn
erVersion}"
        testCompile group: 'org.elasticsearch.test', name: 'framework', version:
'6.5.4'
        testCompile group: 'junit', name: 'junit', version: '4.11'
    }
```

采用多模式匹配思想实现的最大长度匹配算法每次从词典中找和待匹配串前缀最长匹配的词，如果找到匹配词，则把这个词作为切分词，待匹配串减去该词；如果词典中没有词匹配上，则按单字切分。

多模式三叉检索树匹配方法实现的 CnTokenizer 代码如下。

```
    public class CnTokenizer extends Tokenizer {
        //根据词表初始化三叉 Trie 树
        private  static  TernarySearchTrieC  dic  =  new  TernarySearchTrieC
("WordList.txt");
        private CharTermAttribute termAtt;                        //词属性
        private OffsetAttribute offsetAtt;                        //位置属性
        private static final int IO_BUFFER_SIZE = 4096;           //IO 缓存区大小
        private char[] ioBuffer = new char[IO_BUFFER_SIZE];       //IO 缓存区

        private boolean done;
        private int i = 0;              //用来控制匹配的起始位置的变量
        private int upto = 0;

        public CnTokenizer(AttributeFactory factory) {
            super(factory);
            this.termAtt = addAttribute(CharTermAttribute.class);
            this.offsetAtt = addAttribute(OffsetAttribute.class);
            this.done = false;
```

```
    }

    public void resizeIOBuffer(int newSize) {
        if (ioBuffer.length < newSize) {
            //不够大。创建一个新的数组，多分配内存并保留内容
            final char[] newCharBuffer = new char[newSize];
            System.arraycopy(ioBuffer, 0, newCharBuffer, 0, ioBuffer.length);
            ioBuffer = newCharBuffer;
        }
    }

    @Override
    public boolean incrementToken() throws IOException {
        if (!done) {
            clearAttributes();
            done = true;
            upto = 0;
            i = 0;
            while (true) {
                final int length = input.read(ioBuffer, upto, ioBuffer.length
                        - upto);
                if (length == -1)
                    break;
                upto += length;
                if (upto == ioBuffer.length)
                    resizeIOBuffer(upto * 2);
            }
        }

        if (i < upto) {
            char[] word = dic.matchLong(ioBuffer, i, upto);//正向最大长度匹配
            termAtt.setEmpty();
            if (word != null)//已经匹配上
            {
                termAtt.copyBuffer(word, 0, word.length);
                offsetAtt.setOffset(i, i +word.length);
                i += word.length;
            } else {
                termAtt.copyBuffer(ioBuffer, i, 1);
                offsetAtt.setOffset(i, i+1);
                ++i;        //下次匹配点在这个字符之后
            }
            return true;
        }

        return false;
    }
}
```

为了能在 Lucene 中连续执行，CnTokenizer 需要重写 reset()方法。

```
@Override
```

```
    public void reset() throws IOException {
      super.reset();
      this.i=0;
      this.done = false;
      this.upto = 0;
    }

    @Override
    public void end() throws IOException {
      //设置最后的偏移量
      final int finalOffset = correctOffset(upto);
      offsetAtt.setOffset(finalOffset, finalOffset);
    }
```

测试 CnTokenizer：

```
    String text = "中国成立了";
    StringReader input = new StringReader(text);

    //创建 AttributeImpl 实例的 AttributeFactory
    AttributeFactory factory = AttributeFactory.DEFAULT_ATTRIBUTE_FACTORY;
    CnTokenizer tokenizer = new CnTokenizer(factory);
    tokenizer.setReader(input);
    //将 tokenizer 重置到开头
    tokenizer.reset();

    //从 TokenStream 获取 CharTermAttribute
    CharTermAttribute termAtt = tokenizer.addAttribute(CharTermAttribute.class);
    //从 TokenStream 获取 OffsetAttribute
    OffsetAttribute offsetAtt = tokenizer.addAttribute(OffsetAttribute.class);

    while (tokenizer.incrementToken()) {
      System.out.println(termAtt.toString() + " /" +  //输出切分出来的词
                  //输出切分出来的词的位置信息
                  offsetAtt.startOffset() + "," + offsetAtt.endOffset());
    }
    tokenizer.close();
```

支持中文的 AnalyzerProvider 类：

```
    public class CnAnalyzerProvider extends AbstractIndexAnalyzerProvider
<NgramAnalyzer>{
      private static final Logger logger = LoggerFactory.getLogger(CnAnalyzerProvider.
class);
      private final NgramAnalyzer analyzer;

      @Inject
      public CnAnalyzerProvider(IndexSettings indexSettings, Environment env,
@Assisted String name, @Assisted Settings settings){
        super(indexSettings, name, settings);
        Path pluginDir = env.pluginsFile();  //得到插件目录
        //词典文件放在插件目录的子目录下
```

```
        String dicPath=new File(pluginDir.toFile(),"seg/dic").getPath();
        logger.info("plugin dic Dir:"+dicPath);
        analyzer = new NgramAnalyzer(dicPath+"/");
    }

    @Override
    public NgramAnalyzer get() {
        return analyzer;
    }
}
```

测试 CnAnalyzerProvider：

```
    final String text = "保护用户隐私";
    Settings settings = Settings.builder().put(IndexMetaData.SETTING_VERSION_CREATED,
                              Version.CURRENT)
      .put(IndexMetaData.SETTING_NUMBER_OF_REPLICAS, 0)
      .put(IndexMetaData.SETTING_NUMBER_OF_SHARDS, 1)
          .put(IndexMetaData.SETTING_INDEX_UUID, UUIDs.randomBase64UUID())
          .put(Environment.PATH_HOME_SETTING.getKey(), "").build();
    Environment environment = TestEnvironment.newEnvironment(settings);
    IndexMetaData metaData = IndexMetaData.builder(IndexMetaData.INDEX_UUID_NA_
VALUE). settings(settings). build();
    IndexSettings indexSettings = new IndexSettings(metaData, Settings.EMPTY);

    CnAnalyzerProvider p =
      new CnAnalyzerProvider(indexSettings, environment, null, Settings.EMPTY);
    NgramAnalyzer analyzer = p.get();

    TokenStream stream = analyzer.tokenStream("field", new StringReader(text));

    //从 TokenStream 获取 TermAttribute
    CharTermAttribute termAtt = stream.addAttribute(CharTermAttribute.class);
    OffsetAttribute offsetAtt = stream.addAttribute(OffsetAttribute.class);
    TypeAttribute typeAtt = stream.addAttribute(TypeAttribute.class);

    stream.reset();

    //打印所有符号，直到流耗尽
    while (stream.incrementToken()) {
       System.out.println(termAtt.toString() + " /" + offsetAtt.startOffset() + ","
           + offsetAtt.endOffset() + " " + typeAtt.type());
    }

    stream.end();
    stream.close();
```

plugin 脚本用于安装、列出和删除插件。它默认位于$ES_HOME/bin 目录。列出插件：

```
# /usr/share/elasticsearch/bin/elasticsearch-plugin list
```

利用 install 参数安装插件，例如安装日文插件：

```
# /usr/share/elasticsearch/bin/elasticsearch-plugin  install analysis-kuromoji
```

4.7 Elasticsearch 源代码分析

Elasticsearch 使用 Lucene 实现全文搜索功能。Elasticsearch 通过模块来分解功能实现。Elasticsearch 中的模块是 Guice 模块组件，它提供配置信息并绑定 Elasticsearch 的各种接口的特定实现。

本节首先介绍 Guice 框架以及 Elasticsearch 所使用的网络通信框架 Netty，然后介绍 Elasticsearch 使用的 Lucene 源代码。

4.7.1 导入源代码到 Eclipse

首先确认已经将 Eclipse 的默认编码格式修改为 UTF-8。如果还没有修改过，则可以从菜单栏的 Window 选项下修改，然后确认使用的 JDK 的版本为 10 以上。

在构建发布包之前，'check'运行所有的测试作为一项规则，这是必须调用的东西。只应该有很少的属性来改变构建行为，并且它们需要保留用于高级用途，如调试等。

我们的'check'规则有一些例外。向后可比性（backwards comparability，BWC）测试就是其中之一。这些测试声称可以保留向后的可比性，它们执行从每个兼容版本升级到当前版本的事情，这可能需要花费大量时间才能在开发周期中有很多这样的版本，所以不要将所有的 BWC 测试作为检查的一部分，而是为它们提供专门的持续集成工作。

4.7.2 Guice 框架

Guice 是 Google 公司开发的一个开源依赖注入框架（IOC）。Guice 减少了对工厂类的需求以及在 Java 代码中使用 new 关键词。可以将 Guice 的@Inject 注解视为新的 new。使用 Guice 能让代码更容易更改，进行单元测试和在其他上下文中重用。

Elasticsearch 在启动时，基于其配置文件和运行时环境来搜集不同模块，并创建一个 Injector。简单说，Injector 就是一个不需要提供构建参数即可构建类的实例的对象。Injector 将会使用它的配置完的模块来定位所有请求的依赖，并以一种拓扑顺序来创建出这些实例。这样的做法可节约大量时间，并帮助我们创建出一个可复合的模块系统。

Elasticsearch 服务启动时通过 ModuleBuilder 类来进行模块注入。ModuleBuilder 是 Guice 的封装。

Elasticsearch 源代码中集成了 Guice。相关代码位于 org.elasticsearch.common.inject 包中。Guice 会扫描 inject 注释，并对方法中出现的参数实例寻找对应注册的实例进行初始化。

Elasticsearch 中的模块是一个 Guice 模块部件完成配置信息和绑定 Elasticsearch 各类接口的特定实现。

Guice 的 Provider 类可以返回特定类型的对象。Elasticsearch 使用 Provider 创建和返回 Analyzer 对象。

使用 Provider 的一个例子，首先定义一个接口：

```
public interface MyInterface {
   String foobar();
}
```

然后是接口的实现类 MyClass：

```
public class MyClass implements MyInterface {
      private String providerName;   //记录提供者的名字

        public MyClass(String providerName) {
         this.providerName = providerName;
        }

      @Override
       public String foobar() {
          return String.format("Hi! I am [%s], " + "and I was instantiated using
[%s]", getClass().getSimpleName(), providerName);    //返回调用信息
      }

}
```

Provider 的子类 MyInterfaceProvider 提供 MyClass 的实例（instance）：

```
import com.google.inject.Provider;

public class MyInterfaceProvider implements Provider<MyClass>{//实现提供者接口

      @Override
      public MyClass get() {
       return new MyClass(getClass().getSimpleName());   //用类名实例化 MyClass
      }

}
```

Module 的子类建立绑定：

```
import com.google.inject.AbstractModule;

public class MyModule extends AbstractModule {

   @Override
```

```
    protected void configure() {
        //绑定 MyInterface 接口到 Provider 子类
        bind(MyInterface.class).toProvider(MyInterfaceProvider.class);
    }

}
```

使用 Guice 得到 MyInterface 的对象：

```
import com.google.inject.Guice;
import com.google.inject.Injector;

public class ProviderSample {

    public static void main(String[] args) {
        Injector injector = Guice.createInjector(new MyModule());
                                                    //创建注入器
        MyInterface myObject = injector.getInstance(MyInterface.class);
                                                    //通过注入器得到实例

        System.out.println(myObject.foobar());  //输出调用信息
    }
}
```

运行 ProviderSample 输出：

```
Hi! I am [MyClass], and I was instantiated using [MyInterfaceProvider]
```

4.7.3 Netty 异步 IO 框架

Netty 是一个 NIO 客户端服务器框架，可以使用 Netty 快速轻松地开发协议服务器和客户端等网络应用程序。Netty 极大地简化了 TCP 和 UDP 套接字服务器等网络编程。Elasticsearch 采用 Netty 实现 HTTP 异步通信协议。

Elasticsearch 中的服务器端 Netty4HttpServerTransport 位于 transport-netty4 模块。客户端的 PreBuiltTransportClient 也依赖 transport-netty4 模块。

Netty 是 Reactor 设计模式的一个实现。Reactor 设计模式是用于处理由一个或多个输入同时发送到服务处理程序的服务请求的事件处理模式。然后，服务处理器多路复用输入的请求并将其同步分派到相关联的请求处理程序。

例如，对于一个具有 1 万个持久连接的服务器，这 1 万个连接将共享工作线程。一个工作线程将处理多个连接/通道。这就是为什么不阻止工作线程非常重要的原因。

io.netty.bootstrap.ServerBootstrap 负责引导服务器启动 NIO 服务。使用 ServerBootStrap 的代码如下：

```
int workerCount=1;

ServerBootstrap serverBootstrap = new ServerBootstrap();
```

```
ThreadFactory f = new DefaultThreadFactory("thread pool"); //守护线程工厂
//Reactor 单线程模型
//IO 事件作为一个触发器，网络请求事件在 NioEventLoop 中进行处理
serverBootstrap.group(new NioEventLoopGroup(workerCount, f));
```

4.7.4 分布式设计与实现

Elasticsearch 使用主节点管理集群。主节点是集群中唯一可以更改集群状态的节点。这意味着如果主节点重新启动或关闭，那么将无法对群集进行任何更改。任何一个时刻集群中只能有一个主节点。但是为了避免单点失败，需要有多个候选主节点。

包括主节点在内的每个节点都知道每个文档所在的位置，并可将搜索请求直接转发到保存了我们感兴趣的数据的节点。当搜索请求发送到一个节点时，该节点就成为协调节点。这个节点的工作是将搜索请求广播给所有涉及的分片，并将它们的响应收集到全局排序的结果集中，以便返回给客户端。

首次启动 Elasticsearch 集群需要在集群中的一个或多个符合主节点的节点上显式定义初始的符合主节点的节点集。这称为群集自举。这仅在群集首次启动时才需要：已加入群集的节点将此信息存储在其数据文件夹中，而加入现有群集的新启动节点将从群集的选定主节点获取此信息。

Elasticsearch 集群默认使用 Zen Discovery（Zen 发现机制）管理。

Zen 发现机制是 Elasticsearch 默认的内建模块。它提供了多播和单播两种发现方式，能够很容易地扩展至云环境。

Zen 发现机制是和其他模块集成的，例如所有节点间的通信必须用 Transport 模块来完成。Transport 这层是自己可以扩展的，thrift 也是一个 Transport 模块。

Elasticsearch 运行时会启动两个探测进程。一个进程用于从主节点向集群中的其他节点发送 ping 请求来检测节点是否正常可用。另一个进程的工作反过来，由其他的节点向主节点发送 ping 请求来验证主节点是否正常且忠于职守。

一个集群有一个唯一的名字，包含一个或者多个节点。集群会在所有的节点中自动选择一个作为主节点，如果主节点宕机了，则会自动选择另外一个节点作为主节点。一个经典的主节点选举算法是同行评审出版算法（peer-reviewed published algorithm）。

Elasticsearch 采用了一个简单的方法选出主节点：它根据编号来选择节点，较小的编号更有可能成为主节点。DiscoveryNode 类中记录了节点编号。选举算法的实现代码在 ElectMasterService.electMaster()方法中。

为了避免一个集群中存在不同的主节点，也就是避免脑裂，需要合理地设置 elasticsearch.yml 配置文件。

假设可以成为集群一部分的 ES 节点的数量（ES 进程而不是物理机器的数量）是 N，那么在一个有 $N>2$ 个节点的集群上，可以设置 discovery.zen.minimum_master_nodes 的值不小于 $(N/2)+1$。

理想的拓扑结构是集群有 3 个专用的候选主节点（即 master: true 并且 data:false），并且 discovery.zen.minimum_master_nodes 设置为 2。这样无论集群中有多少数据节点，都不需要改变节点设置。

例如，候选主节点的配置如下：

```
node.master: true
node.data: false
discovery.zen.minimum_master_nodes: 2
```

数据节点的配置如下：

```
node.master: false
node.data: true
discovery.zen.minimum_master_nodes: 2
```

每个文档都保存在单独的主分片里。当对一个文档做索引的时候，首先对主分片做索引，然后在所有主分片的副本里做索引。默认一个索引有 5 个主分片，可以调整主分片的数量以控制一个索引中容纳文档的数量。索引创建之后，不可以更改主分片数。即使只在一台机器上安装 ES，也可能会有 5 个独立的索引库。

每个主分片可以有 0 个或者多个副本。副本是主分片的复制品，有两个作用：

- 提高容错能力：如果主分片宕机，副本分片可以被提升至主分片。
- 提高性能：搜索访问可以分布在主分片和副本分片之间。

默认每个主分片有一个副本分片，但副本分片数量可以在已经存在的索引上动态调整。在同一个节点上，副本分片不会被当作主分片启动。

用三个节点的集群举例说明索引分片的用处：第一台机器中存放索引分片 a、b、c，第二台机器中存放索引分片 a、b、d，第三台机器中存放索引分片 b、c、d。这样实现了提升索引整体容量的同时，也提升了性能和容错能力。

新增一个节点，Elasticsearch 会自动把索引数据同步到这个新增的节点上。控制界面中显示的紫色的块表示正在迁移这部分数据。

主控节点管理 shard（分片）的分配。当新机器进来或者有旧机器失效的时候，就会重新分配 shard。

4.7.5 使用 Lucene

Lucene 完成基本的搜索功能只有一个不依赖外部程序包的一个.jar 文件。因为这个文件是一个核心文件，所以这个文件称为 lucene-core-Version.jar。例如 Lucene 的 7.6.0

版本称为 lucene-core-7.6.0.jar。可以在/usr/share/elasticsearch/lib 路径找到这个 jar 包。

待查询的文档集合按词组织成倒排索引。Lucene 中的索引库是位于一个目录下的一些二进制文件。Lucene 中的索引库称为 Index。和一般的数据库不一样，Lucene 不支持定义主键。在 Lucene 中并不存在一个称为 Index 的类。Lucene 通过 IndexWriter 来写索引，通过 IndexReader 读索引。索引库在物理形式上一般位于一个路径下的一系列文件。

先介绍如何创建索引库，然后介绍如何搜索索引库。总的来说，往 Lucene 中放的是文档，查询的是词，查询返回的也是文档。使用 Lucene 实现搜索的基本概念如图 4-2 所示。

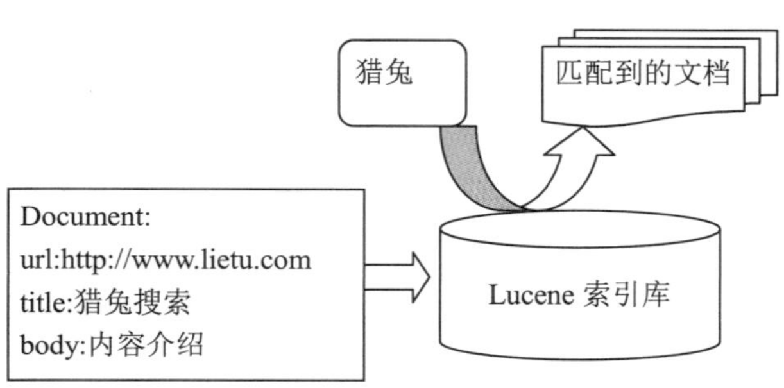

图 4-2 Lucene 搜索的基本概念

在 Eclipse 中创建一个 Java 控制台项目。创建 lib 目录，然后把 lucene-core-7.6.0.jar 文件复制到 lib 目录下。在项目属性中增加对 lucene-core-7.6.0.jar 文件的引用。

首先通过一个在内存中建立索引的例子来熟悉 Lucene 的 API：

```
public class TestBasicBooleanQuery {
   private static final String FIELD = "contents"; //查询列的名字

   public static void main(String[] args) throws Exception {
      //设置 Lucene 使用内存索引
      Directory directory = new ByteBuffersDirectory();
      //创建写索引需要用到的文本分析器
      Analyzer analyzer = new StandardAnalyzer();
      IndexWriterConfig iwc = new IndexWriterConfig(analyzer);
      IndexWriter writer = new IndexWriter(directory, iwc);  //IndexWriter
写索引

      //索引一些文档
      writer.addDocument(createDocument("1", "foo bar baz"));
      writer.addDocument(createDocument("2", "red green blue"));
      writer.addDocument(createDocument("3",
            "The Lucene was made by Doug Cutting"));
      writer.close();
```

```
        IndexReader reader = DirectoryReader.open(directory);

        IndexSearcher searcher = new IndexSearcher(reader);

        Term t1 = new Term(FIELD, "lucene");
        TermQuery q1 = new TermQuery(t1);  //使用 TermQuery 查询基本词

        Term t2 = new Term(FIELD, "doug");
        TermQuery q2 = new TermQuery(t2);

        //合取查询
        BooleanQuery.Builder booleanQuery = new BooleanQuery.Builder();
        booleanQuery.add(q1,BooleanClause.Occur.MUST); //必须包含这个条件
        booleanQuery.add(q2,BooleanClause.Occur.MUST);

        //显示搜索结果
        TopDocs topDocs = searcher.search(booleanQuery.build(), 10);
        //最多返回 10 条结果
        for (ScoreDoc scoreDoc : topDocs.scoreDocs) {
           Document doc = searcher.doc(scoreDoc.doc);
           System.out.println(doc);
        }
    }

    private static Document createDocument(String id, String content) {
        //创建文档
        Document doc = new Document();
        //向文档中增加一个字符串类型的索引列
        doc.add(new Field("id", id, StringField.TYPE_STORED));
        //向文档中增加一个字符串类型的索引列
        doc.add(new Field("contents", content, TextField.TYPE_STORED));
        return doc;
    }

}
```

Elasticsearch 实现了可靠的异步写入以实现长期持久性。Elasticsearch 事务日志确保可以安全地将数据索引到 Elasticsearch 中，而无需为每个文档执行低级 Lucene 提交。提交 Lucene 索引会在 Lucene 级别创建一个新段，会导致大量硬盘 I/O 影响性能。

为了接收索引文档并使其可搜索而不需要完整的 Lucene 提交，Elasticsearch 将其添加到 Lucene IndexWriter 并将其附加到事务日志中。在每个 refresh_interval 之后，它将在 Lucene 索引上调用 reopen()，这将使数据可以在不需要提交的情况下进行搜索。这是 Lucene 近实时搜索 API 的一部分。当 IndexWriter 最终由于事务日志的自动刷新或由于显式刷新操作而提交时，先前的事务日志将被丢弃并且新的事务日志将取代它。

如果需要恢复，将首先恢复写入 Lucene 硬盘的段，然后重放事务日志，以防止丢

失尚未完全提交到硬盘的操作。

可以使用 Luke(https://github.com/DmitryKey/luke)检查索引内容。

4.8　本章小结

ElasticLowLevelClient 是一个低级别，无依赖关系的客户端，对于如何构建和表示用户请求和响应没有任何意见。

搜索应用的 RESTful 客户端可以使用 XAML 应用程序。可以使用 ReactiveUI(https://github.com/reactiveui/ReactiveUI)实现下拉搜索提示词列表显示功能。

除了 Elasticsearch，还可以使用 Solr 搭建分布式搜索集群。

第 5 章 分布式计算平台

共识是让集群中的所有进程根据每个进程的投票就某些特定值达成一致的任务。所有进程必须在相同的值上达成一致，并且这个值必须是由至少一个进程提交的值。在最基本的情况下，值可以是二进制（0 或 1），所有的进程可以使用这个值来决定是否执行某些操作。

5.1 Atomix 框架

Atomix 3.0 是一个用于构建容错分布式系统的全功能框架。它提供了构建可伸缩和容错分布式系统通常所需的一组高级原语。

Atomix 具有可靠的数据一致性保证，Atomix 实现了建立在 Raft 共识协议的实现之上的分布式协调原语，即使在发生机器或网络故障时也能始终保证。

5.1.1 Raft 协议

Raft 协议提供了一种在计算系统集群中分布状态机的通用方法，确保集群中的每个节点都同意一系列相同的状态转换。Raft 以 Reliable、Replicated、Redundant 和 Fault-Tolerant 命名。

Raft 协议通过领导方法实现共识。该集群只有一个当选的领导者，负责管理集群其他服务器上的日志复制。这意味着领导者可以决定新条目的放置以及在它与其他服务器之间建立数据流而无需咨询其他服务器。现有领导者一直领导，直到失败或断开连接，在这种情况下，新的领导者当选。

共识问题在 Raft 中被分解为下面列出的两个相对独立的子问题。

1. 领导人选举

当现有领导者失败或启动算法时，需要选出新的领导者。

在这种情况下，新的时期在群集中开始。时期是服务器上的任意时间段，在此期间需要选择新的领导者。

每个时期都以领导者选举开始。如果选举成功完成（即选出一名领导人），则将继续由新领导人正常运作。如果选举失败，新的时期就会开始新一轮选举。

领导者选举由候选服务器启动。如果服务器在称为选举超时的时间段内没有收到领导者的通信，则服务器成为候选者，因此这台服务器假定不再有代理领导者。这台服务器通过增加时期计数器，投票给自己作为新的领导者，并通过向所有其他服务器发送消息来请求投票以开始选举。服务器每个时期只会投票一次，先到先得。如果候选人收到来自另一台服务器的消息，其期限号码至少与候选人当前的期限一样大，则候选人的选举将被取消，候选人将变为追随者并将该领导者视为合法。如果候选人获得多数选票，那么它就会成为新的领导者。如果两者都没有发生，例如，由于分裂投票，那么新的时期开始，新的选举开始。

Raft 使用随机选举超时来确保快速解决分割投票问题。这应该可减少分裂投票的机会，因为服务器不会同时成为候选者：单个服务器将超时，赢得选举，然后成为领导者并在任何关注者成为候选者之前向其他服务器发送心跳消息。

2. 日志复制

领导者负责日志复制的管理，并接收客户端请求。每个客户端请求都包含一个由集群中复制的状态机执行的命令。在作为新条目附加到领导者的日志之后，每个请求将作为 AppendEntries 消息转发给关注者。如果关注者不可用，则领导者将无限期地重试 AppendEntries 消息，直到所有关注者最终存储日志条目。

一旦领导者收到其大多数关注者的确认，该条目已被复制，领导者将该条目应用于其本地状态机，把该请求视为已提交。此事件还会提交领导者日志中的所有先前条目。一旦关注者得知提交了日志条目，关注者就会将该条目应用于其本地状态机。这样，贯穿了集群为所有服务器之间的日志提供一致性、确保遵守日志匹配的安全规则。

在领导者崩溃的情况下，日志可能会不一致，而旧的领导者的某些日志未通过群集完全复制。新的领导者将通过强制关注者复制其自己的日志来处理不一致。为此，对于每个关注者，领导者将其日志与来自跟随者的日志进行比较，找到他们同意的最后一个条目，然后删除跟随者日志中此关键条目之后的所有条目，并将这个条目替换为自己的日志条目。此机制将恢复出现故障的群集中的日志一致性。

5.1.2 使用 Atomix

Atomix 打包在一个模块层次结构中，允许用户仅依赖于自己打算使用的那些功能。

几乎所有用户都希望使用 Atomix 核心模块。该模块由 Atomix 工件 ID 标识：

```
<dependencies>
  <dependency>
    <groupId>io.atomix</groupId>
    <artifactId>atomix</artifactId>
    <version>3.0.6</version>
  </dependency>
</dependencies>
```

另外，大多数集群依赖于用于复制分布式基元的一组协议。所需的依赖项取决于系统的一致性、容错性和持久性要求。不同的用例可能需要不同的依赖关系。可以使用 atomix-raft 复制协议，这样依赖项就成为：

```
<dependencies>
  <dependency>
    <groupId>io.atomix</groupId>
    <artifactId>atomix</artifactId>
    <version>3.0.6</version>
  </dependency>
  <dependency>
    <groupId>io.atomix</groupId>
    <artifactId>atomix-raft</artifactId>
    <version>3.0.6</version>
  </dependency>
</dependencies>
```

使用 Atomix 的第一步是形成一个集群。要形成集群，通常需要引导一组节点。此外，如果使用分布式原语，则必须配置一个或多个分区组。

用户可以使用各种方法在 Atomix 集群上运行。这些方法中最基本的是使用 Java API，它提供的主要性能是一致性和灵活性。

Atomix 中的核心 Java API 是 Atomix 对象。Atomix 在很大程度上依赖于构建器模式来构造用于通信和协调分布式系统的高级对象。

要创建新的 Atomix 实例，应先创建 Atomix 构建器：

```
AtomixBuilder builder = Atomix.builder();
```

应使用本地节点来配置构建器：

```
builder.withId("member1")
```

```
    .withAddress("10.192.19.181")
    .build();
```

除了配置本地节点信息之外，还必须为每个实例配置发现配置，以用于发现群集中的其他节点。最简单的发现形式是 BootstrapDiscoveryProvider：

```
builder.withMembershipProvider(BootstrapDiscoveryProvider.builder()
  .withNodes(
    Node.builder()
      .withId("member1")
      .withAddress("10.192.19.181")
      .build(),
    Node.builder()
      .withId("member2")
      .withAddress("10.192.19.182")
      .build(),
    Node.builder()
      .withId("member3")
      .withAddress("10.192.19.183")
      .build())
  .build());
```

最后，必须使用一个或多个分区组配置实例。可以使用配置文件配置公共分区组。

```
builder.addProfiles(Profile.dataGrid());
```

通常，需要强一致性保证的集群配置有 CORE 节点和至少一个 RaftPartitionGroup，并且为 DATA 性能和可伸缩性而设计的集群使用 PrimaryBackupPartitionGroup。

```
Atomix atomix = builder.build();
```

在实例上调用 start()方法以启动节点：

```
atomix.start().join();
```

start()方法返回一个节点加入集群后就会完成 future 实例。

为了形成由 CORE 节点和 Raft 分区组组成的集群，必须同时启动大多数实例以允许 Raft 分区形成仲裁。start()方法返回的 future 会直到所有分区都能够形成才会完成。

如果 Atomix 实例在启动时无限期阻塞，请确保启用 DEBUG 日志记录以调试该问题。

有多种方法可以管理 Atomix 集群并与之交互。Atomix 代理是 Java API 的便捷替代方案。代理程序是一个独立的 Atomix 节点，其行为就像 Java 节点一样，但代之以公开 REST API 以进行客户端交互。代理可用于在客户/服务器体系结构中配置 Atomix 群集或提供对 Atomix 原语的多语言访问。

要使用 Atomix 代理，首先应使用 Maven 下载并构建 Atomix：

```
>mvn clean package
```

构建项目后，要运行代理程序，必须设置$ATOMIX_ROOT 环境变量：

```
export ATOMIX_ROOT=./
```

代理程序使用 bin/atomix-agent 脚本运行：

```
>bin/atomix-agent -h
```

使用-h 选项可查看代理脚本的选项列表。

5.2 gRPC 框架

gRPC 是一个现代的、开源的、高性能的远程过程调用（RPC）框架，可以在任何地方运行。gRPC 使客户端和服务器应用程序能够透明地进行通信，并简化了连接系统的构建。

用一个简单的示例介绍 Java 中的 gRPC。

```
$ git clone -b v1.19.0 https://github.com/grpc/grpc-java
```

导航到 Java 示例：

```
$ cd grpc-java/examples
```

接下来运行 gRPC 应用程序。首先从 examples 目录编译客户端和服务器：

```
$ ./gradlew installDist
```

运行服务器：

```
$ ./build/install/examples/bin/hello-world-server
```

输出如下信息：

```
三月 04, 2019 2:04:33 下午 io.grpc.examples.helloworld.HelloWorldServer start
```

信息： Server started,listening on 50051

在另一个终端中，运行客户端：

```
$ ./build/install/examples/bin/hello-world-client
```

输出如下信息：

```
三月 04, 2019 2:05:43 下午 io.grpc.examples.helloworld.HelloWorldClient greet
```

信息：Will try to greet world ...

```
三月 04, 2019 2:05:44 下午 io.grpc.examples.helloworld.HelloWorldClient greet
```

信息：Greeting: Hello world

这就是一个使用 gRPC 实现的客户端-服务器应用程序。

现在来看看如何使用服务器上的额外方法更新应用程序以供客户端调用。gRPC 服务是使用 Protobuf 定义的。

现在需要知道的是，服务器和客户端“存根”都有一个 SayHello RPC 方法，该方法从客户端获取 HelloRequest 参数并从服务器返回 HelloReply，并且此方法定义如下：

```
//问候服务定义
service Greeter {
  //发送问候语
  rpc SayHello (HelloRequest) returns (HelloReply) {}
}

//包含用户名的请求消息
message HelloRequest {
  string name = 1;
}

//包含问候语的响应消息
message HelloReply {
  string message = 1;
}
```

让我们更新一下，让 Greeter 服务有两个方法。编辑 src/main/proto/helloworld.proto 并使用新的 SayHelloAgain 方法更新它，用相同的请求和响应类型：

```
//问候语服务定义
service Greeter {
  //发送问候语
  rpc SayHello (HelloRequest) returns (HelloReply) {}
  //发送另一个问候语
  rpc SayHelloAgain (HelloRequest) returns (HelloReply) {}
}

//包含用户名的请求消息
message HelloRequest {
  string name = 1;
}

//包含问候语的响应消息
message HelloReply {
  string message = 1;
}
```

当重新编译该示例时，正常编译将重新生成 GreeterGrpc.java，其中包含我们生成的 gRPC 客户端和服务器类。这还会重新生成用于填充、序列化和检索请求和响应类型的类。

但是，我们仍然需要在示例应用程序的人工编写部分实现并调用新方法。

在同一目录中，打开 src/main/java/io/grpc/examples/helloworld/HelloWorldServer.java。像这样实现新方法：

```
private class GreeterImpl extends GreeterGrpc.GreeterImplBase {

  @Override
```

```
    public void sayHello(HelloRequest req, StreamObserver<HelloReply>
responseObserver) {
      HelloReply reply = HelloReply.newBuilder().setMessage("Hello " + req.
getName()).build();
      responseObserver.onNext(reply);
      responseObserver.onCompleted();
    }

    @Override
    public void sayHelloAgain(HelloRequest req, StreamObserver<HelloReply>
responseObserver) {
   HelloReply reply =
       HelloReply.newBuilder().setMessage("Hello again " + req.getName()).build();
      responseObserver.onNext(reply);
      responseObserver.onCompleted();
    }
  }
  ...
```

在同一目录中，打开 src/main/java/io/grpc/examples/helloworld/HelloWorldClient.java。像这样调用新方法：

```
  public void greet(String name) {
    logger.info("Will try to greet " + name + " ...");
    HelloRequest request = HelloRequest.newBuilder().setName(name).build();
    HelloReply response;
    try {
      response = blockingStub.sayHello(request);
    } catch (StatusRuntimeException e) {
      logger.log(Level.WARNING, "RPC failed: {0}", e.getStatus());
      return;
    }
    logger.info("Greeting: " + response.getMessage());
    try {
      response = blockingStub.sayHelloAgain(request);
    } catch (StatusRuntimeException e) {
      logger.log(Level.WARNING, "RPC failed: {0}", e.getStatus());
      return;
    }
    logger.info("Greeting: " + response.getMessage());
  }
```

就像之前所做的那样，从 examples 目录编译客户端和服务器：

```
  $ ./gradlew installDist
```

运行服务器：

```
  $ ./build/install/examples/bin/hello-world-server
```

在另一个终端中，运行客户端：

```
  $ ./build/install/examples/bin/hello-world-client
```

在 gRPC 中，客户端应用程序可以直接调用不同计算机上的服务器应用程序中的方法，就像它是本地对象一样，使用户可以更轻松地创建分布式应用程序和服务。与许多 RPC 系统一样，gRPC 基于定义服务的思想，指定可以使用其参数和返回类型远程调用的方法。在服务器端，服务器实现此接口并运行 gRPC 服务器来处理客户端调用。在客户端，客户端有一个存根（在某些语言中称为客户端），它提供与服务器相同的方法。

5.3　本章小结

除了 Raft 协议，还有 Paxos 协议可以用来实现分布式共识。

第 6 章 智能搜索案例分析

本章介绍医药垂直搜索引擎和电商搜索两个应用案例。

6.1 医药垂直搜索引擎

临床实验是一项医学研究。新药/新疗法可以通过临床实验来确定其疗效、安全性及副作用。

这里抓取临床实验信息并通过搜索的形式展示。使用 Elasticsearch 搜索公开的药物临床试验项目信息。首先使用网络爬虫抓取网页和 Word 文档中的信息，然后索引和搜索数据。

采用多项目的方式建立 Gradle 构建。

```
-->Starnderd Location
      -->Project1
        -->settings.gradle
        -->build.gradle
      -->Project2
        -->settings.gradle
        -->build.gradle
      -->build.gradle
      -->settings.gradle
```

3 个项目：爬虫、Web、搜索。

```
-->Med
      -->Crawler
```

```
        -->settings.gradle
        -->build.gradle
      -->Web
        -->settings.gradle
        -->build.gradle
      -->Search
        -->settings.gradle
        -->build.gradle
      -->build.gradle
      -->settings.gradle
```

Gradle 中的多项目构建由一个根项目和一个或多个子项目组成，这些子项目也可能包含子项目。

```
rootProject.name = 'Med'
include 'Search', 'Crawler', 'Web'
```

6.1.1 网络爬虫

爬虫子项目 Crawler 的 build.gradle 文件内容如下：

```
apply plugin:'java'

repositories {
   maven {url 'http://maven.aliyun.com/nexus/content/groups/public/'}
   mavenCentral()
}

dependencies {
   compile group: 'com.squareup.okhttp3', name: 'okhttp', version: '3.13.1'

   testCompile group: 'junit', name: 'junit', version: '4.11'
}
```

然后新建 src/main/java 和 src/test/java 两个源代码目录，分别存放主代码和测试代码。构建 Gradle 包装器：

```
>gradle wrapper
```

主代码中，表示药物临床试验信息的 POJO 类 Clinicaltrials 代码如下：

```
public class Clinicaltrials {
  public String org_study_id;            //研究机构编码
  public String nct_id;                  //项目的 NCT 编号
  public String brief_title;             //简要标题
  public String cn_brief_title;          //中文简要标题
  public String acronym;                 //首字母缩略词
  public String official_title;          //正式标题
  public String cn_official_title;       //中文正式标题

  public String lead_sponsor_agency;     //主要赞助机构
```

```
        public String cn_lead_sponsor_agency;           //主要赞助机构中文名

        public String lead_sponsor_agency_class;        //主要赞助商代理类别
        public String cn_lead_sponsor_agency_class;     //主要赞助商代理类别中文描述

        //合作机构
        public ArrayList<String> collaborator_agency = new ArrayList<String>();
        //合作机构中文描述
        public ArrayList<String> cn_collaborator_agency = new ArrayList<String>();
        //合作机构代理类别
        public ArrayList<String> collaborator_agency_class = new ArrayList<String>();
        //合作机构代理类别中文描述
        public ArrayList<String> cn_collaborator_agency_class = new ArrayList
<String>();
        //简要摘要
        public String brief_summary;
        //简要摘要中文翻译
        public String cn_brief_summary;

        public String source;           //来源
        public String cn_source;        //来源中文翻译
        public String has_dmc;          //数据监测委员会 Data Monitoring Committee
        public String cn_has_dmc;
        public String is_fda_regulated_drug;
        public String cn_is_fda_regulated_drug;
        public String is_fda_regulated_device;
        public String cn_is_fda_regulated_device;

        public String detailed_description;    //详细描述
        public String cn_detailed_description;

        public String overall_status;          //项目状态
        public String cn_overall_status;

        public String why_stopped;             //停止原因

        public String start_date;              //开始日期
        public String cn_start_date;

        public String completion_date;         //结束日期
        public String cn_completion_date;

        public String primary_completion_date;
        public String cn_primary_completion_date;

        public String phase;                   //试验阶段
        public String cn_phase;
```

```
    public String study_type;               //研究类型
    public String cn_study_type;

    public String has_expanded_access;
    public String cn_has_expanded_access;

    public String allocation;               //分配
    public String cn_allocation;
    public String intervention_model;
    public String cn_intervention_model;
    public String intervention_model_description;
    public String cn_intervention_model_description;

    public String primary_purpose;          //主要目的
    public String cn_primary_purpose;

    public String masking;                  //盲法
    public String cn_masking;

    public String masking_description;      //盲法描述
    public String cn_masking_description;

    //主要输出指标
    public ArrayList<String> primary_outcome_measure = new ArrayList<String>();
    public ArrayList<String> cn_primary_outcome_measure = new ArrayList<String>();
    //主要输出时间窗
    public ArrayList<String> primary_outcome_time_frame = new ArrayList<String>();
    public ArrayList<String> cn_primary_outcome_time_frame = new ArrayList
<String>();
    public ArrayList<String> primary_outcome_description = new ArrayList
<String>();
    public ArrayList<String> cn_primary_outcome_description = new ArrayLis
t<String>();

    public ArrayList<String> secondary_outcome_measure = new ArrayList<String>();
    public ArrayList<String> cn_secondary_outcome_measure = new ArrayList
<String>();

    public ArrayList<String> secondary_outcome_time_frame = new ArrayList
<String>();
    public ArrayList<String> cn_secondary_outcome_time_frame = new ArrayList
<String>();

    public ArrayList<String> secondary_outcome_description = new ArrayList
<String>();
    public ArrayList<String> cn_secondary_outcome_description = new ArrayList
<String>();

    public String enrollment;   //登记
```

```
        public ArrayList<String> conditions = new ArrayList<String>(); //适应症
        public ArrayList<String> cn_conditions = new ArrayList<String>(); //适应
症中文翻译

        public ArrayList<String> arm_group_arm_group_label = new ArrayList<String>();
        public ArrayList<String> cn_arm_group_arm_group_label = new ArrayList
<String>();
        public ArrayList<String> arm_group_type = new ArrayList<String>();
        public ArrayList<String> cn_arm_group_type = new ArrayList<String>();

        public ArrayList<String> arm_group_description = new ArrayList<String>();
        public ArrayList<String> cn_arm_group_description = new ArrayList<String>();

        public ArrayList<String> intervention_type = new ArrayList<String>(); //
干预类型
        public ArrayList<String> cn_intervention_type = new ArrayList<String>();
        public ArrayList<String> intervention_name = new ArrayList<String>();
        public ArrayList<String> cn_intervention_name = new ArrayList<String>();
        public ArrayList<String> intervention_description = new ArrayList<String>();
        public ArrayList<String> cn_intervention_description = new ArrayList<String>();

        public ArrayList<String> intervention_arm_group_label = new ArrayList
<String>();
        public ArrayList<String> cn_intervention_arm_group_label = new ArrayList
<String>();

        public ArrayList<String> intervention_other_name = new ArrayList<String>();
        public ArrayList<String> cn_intervention_other_name = new ArrayList<String>();

        public String criteria;         //招募条件
        public String cn_criteria;      //招募条件中文翻译
        public String gender;           //性别
        public String cn_gender;        //性别中文翻译
        public String minimum_age;      //最小年龄
        public String cn_minimum_age;   //最小年龄中文翻译

        public String maximum_age;      //最大年龄
        public String cn_maximum_age;   //最大年龄中文翻译

        public ArrayList<String> overall_official_last_name = new ArrayList
<String>();                             //姓氏
        public ArrayList<String> overall_official_role = new ArrayList<String>();
                                        //角色
                                        //角色中文翻译
        public ArrayList<String> cn_overall_official_role = new ArrayList<String>();

        //联系方式
        public ArrayList<String> overall_official_affiliation = new ArrayList
```

```
<String>();
        public ArrayList<String> cn_overall_official_affiliation = new ArrayList
<String>();

        public String overall_contact_last_name;        //联系人姓氏
        public String overall_contact_phone;            //联系电话
        public String overall_contact_phone_ext;        //联系电话分机
        public String overall_contact_email;            //联系邮件

        //位置设施名称
        public ArrayList<String> location_facility_name = new ArrayList<String>();
        //位置设施名称中文翻译
        public ArrayList<String> cn_location_facility_name = new ArrayList<String>();
        //位置设施地址城市
        public ArrayList<String> location_facility_address_city = new ArrayList
<String>();
        public ArrayList<String> cn_location_facility_address_city = new ArrayList
<String>();

        //设施所处州
        public ArrayList<String> location_facility_address_state = new ArrayList
<String>();
        public ArrayList<String> cn_location_facility_address_state = new ArrayList
<String>();
        //地址的邮编
        public ArrayList<String> location_facility_address_zip = new ArrayList
<String>();
        //设施所处国家
        public ArrayList<String> location_facility_address_country = new ArrayList
<String>();
        public ArrayList<String> cn_location_facility_address_country = new
ArrayList<String>();

        public ArrayList<String> location_countries = new ArrayList<String>();
//国家
        public ArrayList<String> cn_location_countries = new ArrayList<String>();

        public String verification_date;            //验证日期
        public String cn_verification_date;         //验证日期中文

        public String study_first_submitted;        //研究首次提交
        public String cn_study_first_submitted;

        public String study_first_submitted_qc;     //研究首次提交质量控制
        public String cn_study_first_submitted_qc;

        public String study_first_posted;           //研究首次发表
        public String cn_study_first_posted;
```

```
    public String last_update_submitted;        //上次更新提交时间
    public String cn_last_update_submitted;

    public String last_update_submitted_qc;     //上次更新提交质量控制
    public String cn_last_update_submitted_qc;  //上次更新提交质量控制中文翻译

    public String last_update_posted;           //上次更新发布时间
    public String cn_last_update_posted;        //上次更新发布时间中文翻译

    public String keyword;                      //关键词
    public String cn_keyword;

    public String responsible_party_type;       //责任方类型
    public String cn_responsible_party_type;

    public String investigator_affiliation;     //调查员隶属关系
    public String cn_investigator_affiliation;

    public String investigator_full_name;       //调查员全名
    public String investigator_title;           //调查员头衔
    public String cn_investigator_title;        //调查员头衔中文翻译

    public ArrayList<String> mesh_term = new ArrayList<String>();  //网格术语
    public ArrayList<String> cn_mesh_term = new ArrayList<String>();

    public String sharing_ipd;                  //是否分享 IPD
    public String cn_sharing_ipd;
    public String ipd_description;              //IPD 描述
    public String cn_ipd_description;           //IPD 描述中文翻译
}
```

在网络连接不稳定的时候，爬虫可以支持放弃下载之前多次重试。最简单的重试代码如下：

```
int retries = 3;
while(true) {
  try {
   downLoad();
   break; //成功!
  } catch(IOException ex) {
   if(--retries == 0) throw new Exception("fail");
   else Thread.sleep(1000);
  }
}
```

Spring Retry 是一个用于实现重试的库，是 Spring 系列的一部分。因为项目是由 Gradle 构建的，所以在 build.gradle 中添加 spring-retry 依赖项：

```
    dependencies {
        ...
        compile group: 'org.springframework', name: 'spring-aspects', version:
'5.0.7.RELEASE'
        compile  group:  'org.springframework.retry',  name:  'spring-retry',
version: '1.2.2.RELEASE'
        ...
    }
```

刷新配置后，Gradle 会下载适当的库。通过添加@Retryable 注释来告诉 Spring 重试指定的方法。默认情况下，在报告失败之前最多进行 3 次尝试。如果要修改尝试次数，则可以在@Retryable 注解中通过 maxAttempts 参数指定尝试次数。

支持重试的下载网页代码如下：

```
    @Component
    public class DownService {
       public static int i = 0;

       @Retryable(maxAttempts = 5)  //最多重试 5 次
       public  Response  getContent(OkHttpClient  client,  String  url)  throws
Exception {
          System.out.println("GetContent Attempt:" + i++);

          okhttp3.Request.Builder rb = new Request.Builder().url(url);
          Request request = rb.build();
          Response response = client.newCall(request).execute();

          int responseCode = response.code();

          String contentType = response.header("Content-Type");
          if (responseCode != 200 || contentType == null) {
             throw new IOException("responseCode " + responseCode);
          }
          return response;
       }

       @Retryable( value = {Exception.class},maxAttempts = 5)  //最多重试 5 次
       public Document getDoc(String url, OkHttpClient client) throws Exception {
          System.out.println("GetDoc Attempt:" + i++);
          okhttp3.Request.Builder rb = new Request.Builder().url(url);
          Request request = rb.build();
          Response response = client.newCall(request).execute();

          int responseCode = response.code();

          String contentType = response.header("Content-Type");
          if (responseCode != 200 || contentType == null) {
             throw new IOException("responseCode " + responseCode);
          }
          String xmlContent = response.body().string();
          Document document = Jsoup.parse(xmlContent, "", Parser.xmlParser());
```

```
        return document;
    }

}
```

使用这个下载服务得到解析后的文档对象：

```
OkHttpClient  client  =  new  OkHttpClient.Builder().connectTimeout(1000,
TimeUnit.SECONDS)
            .readTimeout(200, TimeUnit.SECONDS)
             .retryOnConnectionFailure(true).build();

ConfigurableApplicationContext context = new AnnotationConfigApplicationContext(
            DownFieldCrawlerApplication.class);

Document document = context.getBean(DownService.class).getDoc(url, client);
```

有些字段是日期类型，例如临床试验的开始日期和结束日期。可以使用模板引擎把这样的英文日期翻译成中文。把匹配英文日期的规则加入文法库的代码如下：

```
QuestionGrammar g = new QuestionGrammar();    //文法库

//匹配英文日期的规则
String right = "<Begin><nt>{word} <num>{daynum}, <num>{yearnum}<End>";
String handlerName = "Date";                          //处理器名
g.add(handlerName, right);                            //把处理器加入翻译文法中
```

根据从英文日期文本中提取的年、月、日信息得到翻译结果的处理器：

```
public class DateHandler implements QuestionHandler {

   @Override
   public String getAnswer(KnowlegeBase kb,Evidence args) {
      //得到英文单词
      String enMon = args.args.get("word");
      String ans = args.args.get("yearnum")+"年"+mon
               +args.args.get("daynum")+"日";    //生成中文日期
      return ans;
   }

   public static String getBySQL(String input) throws SQLException {
      Connection con = SqliteStore.getConnect();
      QueryRunner runner = new QueryRunner();
      ScalarHandler<String> h = new ScalarHandler<String>();

      String ans = runner.query(con, "select cn from words where word = ?",
            h, input);
      return ans;
   }

}
```

使用规则翻译日期的代码如下。

```
    KnowlegeBase kb = new KBSqlite();              //使用 Sqlite 存储知识库
    GrammarTranslator translator = new GrammarTranslator(kb);

    String enDate = "August 24, 2017";             //英文日期
    String ans = translator.getResult(enDate);     //中文日期

    System.out.println(ans);
```

输出：

```
2017 年 8 月 24 日
```

可以使用 JDBI(https://github.com/jdbi/jdbi)把提取出来的结果存入数据库表。

```
    Handle handle = Jdbi.open(getConnect());
    Update update = handle.createUpdate(
        "INSERT INTO disease (en) VALUES (:enName)").bind("enName", "1111");

    int rows = update.execute();
    System.out.println(rows);
```

6.1.2　抓取 PubMed

PubMed 是美国国家医学图书馆（NLM）下属的国家生物技术信息中心（NCBI）开发的医药论文数据库。这个数据库提供了编程接口返回 XML 格式的论文描述信息。PubMedCentral（PMC）是 NLM 的生物医学和生命科学期刊文献的免费全文档案。

可以通过 http://eutils.ncbi.nlm.nih.gov/entrez/eutils/esearch.fcgi 接口按查询关键词抓取论文信息。

首先取得结果数量：

```
    public static int getResultNum(CloseableHttpClient client, String term)
            throws Exception {
        String data = new URI(null, term, null).toASCIIString();
        String url = "http://eutils.ncbi.nlm.nih.gov/entrez/eutils/esearch.fcgi?
term="
                + data + "&retmax=10&retstart=1";

        String content = HttpUtil.getContent(client, url);

        Document doc = Jsoup.parse(content);
        Element e = doc.getElementsByTag("Count").first();
        String countStr = e.text();

        return Integer.parseInt(countStr);
    }
```

使用默认的 HttpClient 对象会报 Invalid cookie header 的警告。解决 Cookie rejected 警告最简单的办法是设置一个空 Cookie。参考代码如下：

```
    //采用用户自定义 cookie 策略，只是使 cookie rejected 的报错不出现
    CookieSpecProvider easySpecProvider = new CookieSpecProvider() {
       @Override
       public CookieSpec create(org.apache.http.protocol.HttpContext arg0) {
          return null;
       }
    };

    Registry<CookieSpecProvider> registry =
     RegistryBuilder.<CookieSpecProvider>create()
              .register("easy", easySpecProvider)
              .build();

    CloseableHttpClient client = HttpClients.custom()
           .setDefaultCookieSpecRegistry(registry)
           .build();
```

然后根据结果数量设定要抓取多少条结果：

```
    public static void insertIDS(CloseableHttpClient client, String term) throws
Exception{
       Connection con = DBUtil.getConnect();
       int resultNum = getResultNum(client, term);

       String data = new URI(null, term, null).toASCIIString();
       String url ="http://eutils.ncbi.nlm.nih.gov/entrez/eutils/esearch.fcgi?
term="
            + data + "&retmax="+resultNum+"&retstart=1";
       String content = HttpUtil.getContent(client, url);
       Document doc = Jsoup.parse(content);
       Elements tables = doc.getElementsByTag("Id");

       String sql = "insert into paper(id)values(?)";
       PreparedStatement insertStmt = con.prepareStatement(sql);

       for (Element e : tables) {
          String id = e.text();
          insertStmt.setString(1, id);
          insertStmt.executeUpdate();
       }
       con.commit();
    }
```

把抓取下来的论文信息存入 PostgreSQL 数据库。

```
    Class.forName("org.postgresql.Driver");
    String jdbcUrl = "jdbc:postgresql://localhost:5432/postgres";
    String username = "postgres";
    String password = "mysecretpassword";

    try (Connection conn = DriverManager.getConnection(jdbcUrl, username, password);
       String sql = "insert into paper(id)values(?)";
       PreparedStatement insertStmt = conn.prepareStatement(sql);
```

```
        for (Element e : tables) {
            String id = e.text();
            insertStmt.setString(1, id);
            insertStmt.executeUpdate();
        }

    } catch (SQLException e) {
        e.printStackTrace();
    }
```

6.1.3　MVC 搜索界面开发

实现搜索展示的 Freemarker 模板的 search-nextpage.ftl 内容如下：

```
    <html>
    <head>
        <title>${websiteTitle}</title>
        <META http-equiv=Content-Type content="text/html; charset=utf-8">
        <link href="CSS/default.css" rel="stylesheet" type="text/css" />
    </head>
    <body>
        <div id="sHeader">
            <div id="searcher">
              <form method="get" action="search">
                    <input ID="tbKeyword" type="text" name="query" class="input_
text" value="${query}" />
                    <input ID="btSearch" type=submit value="试着搜搜"/>
              </form>
            </div>
            </div>
        <div id="content">

            <div id="searcherContent">
                <div id="main">

                    <div id="search-report">约有记录：${totalsize}条</div>

    <#list resultItems as result>
                            <div class="search-item">
                                <b><a href='${result.url}' target="_blank">${result.
title}</a></b>
                            </div>

                            <div class="search-item">
                                ${result.body}
                            </div>
    </#list>
        <#if (pager.hasNextPage())>
            <a href="${pager.getNextUrl()}" class="rnavLink">下一页 &#187;
</a>
```

```
    </#if>
            </div>
        </div>

    </div>
</body>
</html>
```

后台控制类通过 BeanFactory 得到 RestHighLevelClient 的实例：

```
@RestController
@SpringBootApplication
public class SearchESNextURL extends SpringBootServletInitializer {
    //从配置文件 application.properties 读取 es 服务主机名
    @Value("${elasticsearch.host}")
    private String host;

    //从配置文件 application.properties 读取 es 服务监听端口号
    @Value("${elasticsearch.port}")
    private int port;

    @Bean(name="searchService")
    public RestHighLevelClient restHighLevelClient() {
       return
      new  RestHighLevelClient(RestClient.builder(new  HttpHost(host,  port,
"http")));
    }

    @Autowired
    private BeanFactory beanFactory;
}
```

得到 RestHighLevelClient 对象的代码如下：

```
RestHighLevelClient client =
          beanFactory.getBean("searchService",RestHighLevelClient.class);
```

SearchESNextURL 控制类的 search()方法实现如下：

```
@RequestMapping("/search")
public ModelAndView search(@RequestParam(value = "query") String q,
       @RequestParam(required = false, value = "pager.offset") Integer offset)
       throws TemplateException, IOException {
   ModelAndView mv = new ModelAndView("search-nextpage");
   mv.getModelMap().addAttribute("websiteTitle", "search Demo_" + q);

   fillModel(mv.getModelMap(), q, offset);
   return mv;
}
```

fillModel()方法实现如下：

```
public void fillModel(Map<String, Object> modelMap,
                String keyWords, Integer offset) throws IOException {
   List<WebItem> items = new ArrayList<>();
```

```
String titleField = "title";
String bodyField = "body";

MatchPhraseQueryBuilder pqBody =
       QueryBuilders.matchPhraseQuery(bodyField, keyWords);

MatchPhraseQueryBuilder pqTitle =
      QueryBuilders.matchPhraseQuery(titleField, keyWords);

QueryStringQueryBuilder fuzzyQb = new QueryStringQueryBuilder(keyWords);

QueryBuilder qb =
  QueryBuilders.boolQuery().should(pqBody).should(pqTitle).should(fuzzyQb);

String index = "news";                                  //索引名

SearchRequest request = new SearchRequest(index);

SearchSourceBuilder sourceBuilder = new SearchSourceBuilder();
sourceBuilder.query(qb);

int size = 20;
if (offset != null) {
   sourceBuilder.from(offset.intValue());
}

//搜索结果返回条数默认值为 10
sourceBuilder.size(size);

request.source(sourceBuilder);

HighlightBuilder highlightBuilder = new HighlightBuilder();
HighlightBuilder.Field highlightTitle =
      new HighlightBuilder.Field(titleField);       //title 字段高亮

highlightTitle.highlighterType("unified");          //配置高亮类型

highlightBuilder.field(highlightTitle);             //添加到 builder
HighlightBuilder.Field highlightBody = new HighlightBuilder.Field(bodyField);
highlightBuilder.field(highlightBody);

highlightBuilder.preTags("<span style=\"color:red\">");
highlightBuilder.postTags("</span>");

sourceBuilder.highlighter(highlightBuilder);

RestHighLevelClient client =
    beanFactory.getBean(RestHighLevelClient.class, "searchService");

SearchResponse searchResponse =
```

```
        client.search(request, RequestOptions.DEFAULT);

    SearchHits hits = searchResponse.getHits();

    long totalHits = hits.getTotalHits();          //得到结果总数
    PagerTag pagerTag = new PagerTag("./search", totalHits);

    if (offset != null) {
       pagerTag.setOffset(offset.intValue());
    }
    pagerTag.setMaxPageItems(size);
    pagerTag.addParam("query", keyWords);

    modelMap.put("pager", pagerTag);

    modelMap.put("query", keyWords);
    modelMap.put("totalsize", String.valueOf(totalHits));

    for (SearchHit hit : hits) {
       Map<String, Object> result = hit.getSourceAsMap();
       WebItem webItem = new WebItem((String) result.get("url"),
               (String) result.get("title"),
              (String) result.get("body"));

       HighlightField titleHighlight = hit.getHighlightFields().get(titleField);

       if (titleHighlight != null) {
         Text[] text = titleHighlight.fragments();

         String fragmentString = StringUtils.join(text, "...");
         webItem.setTitle(fragmentString);
       }

       HighlightField bodyHighlight = hit.getHighlightFields().get(bodyField);

       if (bodyHighlight != null) {
         Text[] text = bodyHighlight.fragments();

         String fragmentString = StringUtils.join(text, "...");
         webItem.setBody(fragmentString);
       }

       items.add(webItem);
    }

    modelMap.put("resultItems", items);
}
```

6.1.4 构建知识库

可以从结构化文本中构建知识图谱。

三元组：<医院治疗疾病>

例如，从 https://clinicaltrials.gov/show/NCT02905136?resultsxml=true 提取出：

```
< Hospices Civils de Lyon , cure , Autoimmune encephalitis >
```

首先调用翻译 API 把“自身免疫性脑炎”翻译成“Autoimmune encephalitis”。代码如下：

```
String text = "自身免疫性脑炎";

OkHttpClient client =
    new OkHttpClient.Builder().connectTimeout(1000, TimeUnit.SECONDS)
      .readTimeout(200,  TimeUnit.SECONDS).retryOnConnectionFailure(true).
build();
Translate.setKey(ApiKeys.YANDEX_API_KEY);
Language source = Language.CHINESE;
Language target = Language.ENGLISH;

String translation = Translate.execute(client, text, source, target);
System.out.println("Translation: " + translation);
```

可以使用 roslyn(https://github.com/dotnet/roslyn)生成表示相关知识的代码。

首先安装包：

```
PM> Install-Package Microsoft.CodeAnalysis
PM> Install-Package Microsoft.CSharp
PM> Install-Package Microsoft.CodeAnalysis.CSharp
```

使用如下代码生成适应症（Disorder）类：

```
//创建命名空间：(命名空间 CodeGenerationSample)
var @namespace =
     SyntaxFactory.NamespaceDeclaration(
     SyntaxFactory.ParseName("CodeGenerationSample")).NormalizeWhitespace();

//添加系统使用语句：(using System)
@namespace =
  @namespace.AddUsings(
     SyntaxFactory.UsingDirective(SyntaxFactory.ParseName("System")));

//创建一个类：(Disorder 类)
var classDeclaration = SyntaxFactory.ClassDeclaration("Disorder");

//添加 public 修饰符：(public class Disorder)
classDeclaration =
    classDeclaration.AddModifiers(SyntaxFactory.Token(SyntaxKind.PublicKeyword));

//创建一个属性：(public string DisorderName { get; set; })
```

```
    var propertyDeclaration =
        SyntaxFactory.PropertyDeclaration(SyntaxFactory.ParseTypeName("string"),
"DisorderName")
        .AddModifiers(SyntaxFactory.Token(SyntaxKind.PublicKeyword))
        .AddAccessorListAccessors(

        SyntaxFactory.AccessorDeclaration(SyntaxKind.GetAccessorDeclaration).
         WithSemicolonToken(SyntaxFactory.Token(SyntaxKind.SemicolonToken)),

        SyntaxFactory.AccessorDeclaration(SyntaxKind.SetAccessorDeclaration).
         WithSemicolonToken(SyntaxFactory.Token(SyntaxKind.SemicolonToken)));

    //将字段、属性和方法添加到类中
    classDeclaration = classDeclaration.AddMembers( propertyDeclaration);

    //将类添加到命名空间
    @namespace = @namespace.AddMembers(classDeclaration);

    //规范化并得到字符串形式的代码
    var code = @namespace
       .NormalizeWhitespace()
       .ToFullString();

    //将新代码输出到控制台
    Console.WriteLine(code);
```

这里要注意的最重要的事情是所有 Roslyn 对象都是不可变的。所以这样写：

```
    @namespace.AddUsings(
         SyntaxFactory.UsingDirective(SyntaxFactory.ParseName("System")));
```

AddUsings 不会改变 namespace 对象。它返回一个带有更改的新的 CompilationUnit Syntax。所以必须这样写：

```
    @namespace =
      @namespace.AddUsings(
         SyntaxFactory.UsingDirective(SyntaxFactory.ParseName("System")));
```

使用 roslyn 解析代码。

在前期，这样的三元组数据可以直接存入 Sqlite 这样的数据库；在后期，可以把数据导入 Elasticsearch 这样的文档型存储库。

为了迁移知识库，可以使用 elasticdump(https://github.com/taskrabbit/elasticsearch-dump)导出数据。

安装：

```
#npm install elasticdump -g
```

使用：

```
#elasticdump \
  --input=http://47.93.206.182:9200/news \
```

```
--output=/data/my_index.json \
--type=data
```

6.1.5 自动问答

在搜索页面可以集成自动问答。不同意图的问句需要不同的处理方式。例如“糖尿病如何治疗”和“如何预防癌症”需要不同的处理器。

有很多个处理器同时匹配一个问句。现有的一些处理器包括：处理简单问答对用的ChatHandler，处理治疗疾病的CureHandler，处理英文单词的WordHandler，等。

处理器从问句提取关键词，提取出来的关键词以键/值对的形式存入 PairListString对象：

```
//键可以重复
public class PairListString {
   String[] values;  //存储所有名称和值
   int count;

   public PairListString(int initialCapacity) {
      values = new String[initialCapacity * 2];
   }

   /**
    * 增加一个名称/值对
    *
    * @param x 名称
    * @param y 名称对应的值
    */
   public void addPair(String x, String y) {
      if (count * 2 >= values.length) {
         values = Arrays.copyOf(values, values.length * 2);
      }
      values[count * 2] = x;
      values[count * 2 + 1] = y;
      count++;
   }

   public String getX(int index) {  //根据下标得到键
      return values[index * 2];
   }

   public String getY(int index) {  //根据下标得到值
      return values[index * 2 + 1];
   }

   public String get(String key){  //得到键对应的值
```

```
        for (int i = 0; i < count; ++i) {
            if(values[i * 2].equals(key)){
                return values[i * 2 + 1];
            }
        }

        return null;
    }
}
```

使用这个类存放从问句“糖尿病怎么治疗”中提取的参数，示例代码如下：

```
PairListString questionArgs = new PairListString(1);

String type = "DiseaseName";                    //键
String diseaseName = "糖尿病";                  //值

questionArgs.addPair(type, diseaseName);
System.out.println(questionArgs.get(type));     //输出 糖尿病
```

动态加载问句处理器。例如：

```
String handleClass = "questionHandler."+handleName+"Handler";//得到类名
Class<? extends QuestionHandler> clz = Class.forName(handleClass)
        .asSubclass(QuestionHandler.class);     //返回 QuestionHandler 的子类
QuestionHandler answer = clz.newInstance();     //得到问句处理器
String ans = answer.getAnswer(kb,g.questionArgs); //依据问句处理器返回答案
```

一个问句所得到的规则对象。

```
public class Rule {
    public ArrayList<String> rhs =
                new ArrayList<String>();        //右边的 Token 类型序列
    public ArrayList<TokenType> lhs =
                new ArrayList<TokenType>();     //左边的 Token 类型序列
    public HashMap<String, HashSet<String>> words =
               new HashMap<String, HashSet<String>>();//词表
}
```

处理问句的规则：

```
String ruleStr = "<num>{plusnum1}加<num>{plusnum2}";
ArrayList<RuleToken> tokens = IERuleParser.getSeq(ruleStr,67); //规则以及编号
for (RuleToken t : tokens) {
    System.out.println(t);                      //输出规则中的每个 Token
}
Rule rule = RuleBuilder.create(tokens);         //根据 Token 序列创建规则
System.out.println(rule);                       //输出生成的问句规则
System.out.println("is valid:"+rule.valid());//验证问句规则是否有效
```

根据问句模板处理问句：

```
QuestionGrammar g = new QuestionGrammar();      //问句文法库
```

```
String right = "<Begin><num>{plusnum1}加<num>{plusnum2}<End>";  //问句模板
g.add("Add", right);                                  //问句意图:Add

right = "<Begin><DiseaseName>{disease}怎么治疗<End>";
g.add("Cure", right);                                 //问句意图:Cure

String type = "DiseaseName";
String diseaseName = "糖尿病";
//仅仅增加词，而不是加规则
g.addWord(diseaseName, type);

TextExtractor ie = new TextExtractor(g);       //问句文法对应的文本提取器

String question = "糖尿病怎么治疗";
AdjList adjList = ie.getLattice(question);    //返回问句对应的意图
System.out.println(adjList);
```

可以使用 Sqlite 数据库或者使用 Elasticsearch 存储知识库，因此将知识库定义成为一个接口：

```
public interface KnowlegeBase {
   public String getCureMethod(String disease) throws Exception;
                                                  //疾病的处置方法
   public String getChat(String inputQuestion) throws Exception;//简单问答对
}
```

Sqlite 数据库存储知识的实现如下：

```
public class KBSqlite implements KnowlegeBase{
   static Connection con = SqliteStore.getConnect();  //数据库连接

   @Override
   public String getCureMethod(String disease) throws Exception {
      QueryRunner runner = new QueryRunner();
      ScalarHandler<String> h = new ScalarHandler<String>();
      //查询治疗方法表返回答案
      String ans = runner.query(con,
            "select answer from cure where disease = ?", h, disease);
      return ans;
   }

   @Override
   public String getChat(String inputQuestion) throws Exception{
      QueryRunner runner = new QueryRunner();
      ScalarHandler<String> h = new ScalarHandler<String>();
      //查询 chat 表返回答案
      String ans = runner.query(con,
             "select answer from chat where question = ?", h, inputQuestion);
      return ans;
```

```
    }

}
```

根据问句模板返回答案：

```
KnowlegeBase kb = new KBSqlite();                  //使用 Sqlite 数据库存储知识库
GrammarAnswer answer = new GrammarAnswer(kb); //根据文法返回答案

String question = "糖尿病怎么治疗";
String ans = answer.getAnswer(question);          //返回知识库中存储的答案

System.out.println(ans);                           //输出答案
```

6.2 电商搜索

网上购物时，可能会比较多个网站中的同类商品。可以通过官方商城购物搜索或爬虫抓取所有的官方商城，例如阿迪达斯、小米等，实现多个购物网站的一站式搜索。

6.2.1 电商爬虫

如果需要调整 DNS 服务器地址，则可以考虑用 PowerShell 设置：

```
Set-DNSClientServerAddress -interfaceIndex 12 -ServerAddresses ("1.2.4.8",
"114.114.114.114")
```

安装所需要的包：

```
Install-Package Selenium.Support
Install-Package  Selenium.WebDriver
Install-Package  Selenium.Firefox.WebDriver
```

如果要使用 Selenium 控制 FireFox，首先可以从 https://github.com/mozilla/geckodriver/releases 下载驱动。例子代码如下：

```
using OpenQA.Selenium;
using OpenQA.Selenium.Firefox;

namespace ConsoleApp1
{
    public class Program
    {
        public static void Main(string[] args)
        {
            IWebDriver driver = new FirefoxDriver();
            driver.Navigate().GoToUrl("http://www.selenium.academy/Examples/
Interaction.html");
```

```
                IWebElement button = driver.FindElement(By.Id("button"));
                driver.Quit();

                //Wait to exit.
                Console.Read();
            }
        }
    }
```

使用 CefSharp(https://github.com/cefsharp/CefSharp)下载动态网页：

```
Install-Package CefSharp.OffScreen
Install-Package CefSharp.Common
Install-Package CefSharp.Wpf
Install-Package CefSharp.WinForms
```

这里抓取 http://www.xiu.com/中的商品，然后导入自己的网上商城。网上商城是用 ECShop 软件搭建的。

将爬虫抓取的信息写入商品表 ecs_goods 和商品类别表 ecs_category。商品表 ecs_goods 的说明如表 6-1 所示。

表 6-1　商品表 ecs_goods

字　段	类　型	说　明
goods_id	mediumint(8)	商品的自增 id
cat_id	smallint(5)	商品所属商品分类 id，取值 ecs_category 的 cat_id
goods_sn	varchar(60)	商品的唯一货号
goods_name	varchar(120)	商品的名称
goods_name_style	varchar(60)	商品名称显示的样式
click_count	int(10)	商品点击数
brand_id	smallint(5)	品牌 id
provider_name	varchar(100)	供应商名称
goods_number	smallint(5)	商品库存数量
goods_weight	decimal(10,3)	商品的重量，以千克为单位
market_price	decimal(10,2)	市场售价
shop_price	decimal(10,2)	本店售价
promote_price	decimal(10,2)	促销价格
promote_start_date	int(11)	促销价格开始日期
promote_end_date	int(11)	促销价格结束日期
warn_number	tinyint(3)	商品报警数量
keywords	varchar(255)	商品关键字，放在商品页的关键字中，为搜索引擎收录用

续表

字段	类型	说明
goods_brief	varchar(255)	商品的简短描述
goods_desc	text	商品的详细描述
goods_thumb	varchar(255)	商品在前台显示的微缩图片，如在分类筛选时显示的小图片
goods_img	varchar(255)	商品的实际大小图片，如进入该商品页时介绍商品属性所显示的大图片
original_img	varchar(255)	商品原图
is_real	tinyint(3)	是否是实物：1—是；0—否；比如虚拟卡就为 0，不是实物
extension_code	varchar(30)	商品的扩展属性，比如像虚拟卡
is_on_sale	tinyint(1)	该商品是否开放销售：1—是；0—否
is_alone_sale	tinyint(1)	是否能单独销售，1—是；0—否；如果不能单独销售，则只能作为某商品的配件或者赠品销售
integral	int(10)	购买该商品可以使用的积分数量
add_time	int(10)	商品的添加时间
sort_order	smallint(4)	商品的显示顺序
is_delete	tinyint(1)	商品是否已经删除，0—否；1—已删除
is_best	tinyint(1)	是否是精品：0—否；1—是
is_new	tinyint(1)	是否是新品：0—否；1—是
is_hot	tinyint(1)	是否热销：0—否；1—是
is_promote	tinyint(1)	是否特价促销：0—否；1—是
bonus_type_id	tinyint(3)	购买该商品所能领到的红包类型
last_update	int(10)	最近一次更新商品配置的时间
goods_type	smallint(5)	商品所属类型 id，取值表 goods_type 的 cat_id
seller_note	varchar(255)	商品的商家备注，仅商家可见
give_integral	int(11)	购买该商品时每笔成功交易赠送的积分数量

记录商品分类信息的商品类别表 ecs_category 部分字段说明如表 6-2 所示。

表 6-2　商品类别表 ecs_category 部分字段说明

字段	类型	说明
cat_id	smallint(5)	自增 id 号
cat_name	varchar(90)	类别名称
keywords	varchar(255)	类别的关键字描述
cat_desc	varchar(255)	类别描述

续表

字　段	类　型	说　明
parent_id	smallint(5)	该类别的父 id，取值于该表的 cat_id 字段
sort_order	tinyint(1)	该类别在页面显示的顺序，数字越大顺序越靠后
template_file	varchar(50)	该类别的模板文件的名字
measure_unit	varchar(15)	该类别的计量单位
show_in_nav	tinyint(1)	是否显示在导航栏，0—不；1—显示在导航栏
style	varchar(150)	该类别单独样式表的包括文件名部分的文件路径
is_show	tinyint(1)	是否在前台页面显示，1—显示；0—不显示
grade	tinyint(4)	该类别的最高和最低价之间的价格分级，当大于 1 时，会根据最大最小价格区间分成区间，会在页面显示价格范围，如 0～300,300～600,600～900

把采集的数据写入 MySQL 数据库。连接 MySQL 数据库的方法是：

```
//设置连接数据库的用户名和密码
Properties props = new Properties();
props.put("user", "root"); //用户名
props.put("password", "password"); //密码

//连接参数，指定网址和数据库名
Connection conn = DriverManager.getConnection(
        "jdbc:mysql://118.145.6.205/s2266", props); //IP 地址/数据库名
```

用 Commons VFS 把下载的商品图片上传到商城服务器。Commons VFS 底层使用 Apache Commons Net 实现 FTP 上传的功能，也可以直接使用 Apache Commons Net 把文件上传到 FTP。

登录到 FTP 服务器：

```
FTPClient ftp = new FTPClient();
ftp.connect("192.168.14.117"); //连接 FTP 服务器
ftp.login("admin", "123"); //登录
```

设置上传文件的类型为二进制：

```
ftp.setFileType(FTP.BINARY_FILE_TYPE);
```

默认上传到根路径，如果想要上传到另外的路径，就改变当前工作路径。改变工作目录到图片所在目录：

```
ftp.changeWorkingDirectory("/admin/pic");
```

检查 FTP 连接是否成功了。

```
int reply = ftp.getReplyCode();
if(FTPReply.isPositiveCompletion(reply)){
  System.out.println("连接成功");
}
```

上传文件到 FTP 服务器。

```
File f1 = new File(location); //本地文件
in = new FileInputStream(f1);
ftp.storeFile("test.jpg",in); //上传后的名字是 test.jpg
```

断开和服务器建立的连接。

```
ftp.logout();
```

6.2.2 商品搜索

搜索“水”，可以显示“饮用水”“化妆水”之类的相关商品类别。按类别统计搜索引擎命中结果，称为聚合搜索（faceted search）。分类可以是多层次的，用户可以沿着某一类继续细化，也可以按类别浏览更多的同类商品。

一旦在 cat 列上启用了 fielddata，就可以使用 textfield 执行与基数聚合关联的查询。例如：

```
curl -XPUT 'localhost:9200/goods/_mapping/personal?pretty' -d'
{
  "properties": {
    "cat": {
      "type":    "text",
      "fielddata": true
    }
  }
}
' -H 'Content-Type: application/json'
{
  "acknowledged" : true
}
```

在类别上执行基数聚合查询：

```
curl -XPOST 'localhost:9200/ goods/_search?&pretty' -d'
{
   "size" : 0,
    "aggs" : {
        "cat_count" : {
            "cardinality" : {
                "field" : "cat"
            }
        }
    }
}
' -H 'Content-Type: application/json'
```

在程序中执行聚合查询：

```
QueryBuilder qb = QueryBuilders.matchAllQuery();
String index = "goods";           //索引名
```

```
SearchSourceBuilder sourceBuilder = new SearchSourceBuilder();
sourceBuilder.query(qb);

TermsAggregationBuilder ab = AggregationBuilders.terms("cat")
      .field("cat");              //分类列
sourceBuilder.aggregation(ab);
```

商品分类树：

```
public class CatNode {
   public int no;                   //类别编号
   public String name;              //类别名称
   public boolean isLeaf;           //是否叶子节点
   public List<CatNode> children = null;      //孩子节点

   public CatNode parent;

   public int level;                //层级

   public CatNode(int no, String name, CatNode parentNo, int l, boolean isLeaf) {
      this.no = no;
      this.name = name;
      this.parent = parentNo;
      this.level = l;
      this.isLeaf = isLeaf;
      if (!isLeaf) {
        children = new ArrayList<CatNode>(5);
      }
   }

   public void addChildren(CatNode node) throws Exception {
      if (isLeaf) {
        throw new Exception("add child error to leaf node:" + no);
      }
      children.add(node);
   }

   public String toString() {
      String temp = this.name;
      for (CatNode child : children) {
        temp += "\n" + "child:" + child.no + ":" + child.name;
      }
      temp += "\n";
      return temp;
   }
}
```

为了提供面包屑导航，需要返回任意指定类别的前 3 级父节点信息。首先定义包含前 3 级父节点信息的 FirstLevels 类：

```
public class FirstLevels {
```

```
    int level1ID;            //第一级节点编号
    int level2ID;            //第二级节点编号
    int level3ID;            //第三级节点编号
    String catName1;         //第一级节点名
    String catName2;         //第二级节点名
    String catName3;         //第三级节点名
}
```

得到给定节点的前 3 级父节点信息：

```
public void getFirstLevels(int id, FirstLevels f) {
   CatNode current = this.get(id);

   if (current.level > 3) {  //如果是第 4 级，则向上取父节点
      current = this.get(current.parent.no);
   }

   if (current.level == 3) { //取得第 3 级父节点
      f.level3ID = current.no;
      f.catName3 = current.name;
      current = this.get(current.parent.no);
   }

   if (current.level == 2) { //取得第 2 级父节点
      f.level2ID = current.no;
      f.catName2 = current.name;
      current = this.get(current.parent.no);
   }

   if (current.level == 1) { //取得第 1 级父节点
      f.level1ID = current.no;
      f.catName1 = current.name;
      current = this.get(current.parent.no);
   }

}
```

记录商品类别信息的节点映射散列表：

```
public class CategoryMap extends HashMap<Integer, CatNode> {
   public String toString() {
      StringBuffer temp = new StringBuffer();

      for (Map.Entry<Integer, CatNode> e : this.entrySet()) {
        temp.append(e.getKey());
        temp.append(':');
        temp.append(e.getValue());
      }

      return temp.toString();
   }
}
```

根据父子关系表生成节点映射类。

```
    String sql = "SELECT ID,isnull(FATHER_ID,0) FATHER_ID,CAT_NAME,CAT_LEVEL FROM
GOODS_CAT order by ID";                                    //查询商品类别表
    stmt = con.prepareStatement(sql);

    rs = stmt.executeQuery();

    CatNode thisNode = new CatNode(0, "ROOT", null, 0, false);  //根节点
    this.put(0, thisNode);                                 //首先将根节点放入映射表

    while (rs.next()) {
       int code = rs.getInt("ID");                          //节点编号
       String name = rs.getString("CAT_NAME");              //节点名
       int fatherID = rs.getInt("FATHER_ID");               //父节点编号
       int level = rs.getInt("CAT_LEVEL");                  //节点级别
       boolean isLeaf = true;                               //是否叶子节点

       CatNode parentNode = this.get(fatherID);             //父节点

       thisNode = new CatNode(code, name, parentNode, level, isLeaf); //当前节点

       if (parentNode.isLeaf) {
          parentNode.isLeaf = false;                        //修改是否有孩子节点的属性值
          parentNode.children = new ArrayList<CatNode>(5);
       }
       parentNode.children.add(thisNode);                   //设置当前节点的父子节点关系
       this.put(code, thisNode);                            //把当前节点放入节点映射表
    }
```

6.2.3 在线客服

浏览公司网站的潜在客户需要在线客服提供一对一的解答和服务。为了节省人力成本，可以开发自动客服，回答一些简单和常见的问题。网站的客服需要根据上下文给出回答。WebSocket 可以实现客户端和服务器端的长连接，记住上下文信息。

WebSocket 是 HTML5 开始提供的一种浏览器与服务器间进行全双工通信的网络技术。使用 WS 或者 WSS 协议的 WebSocket 允许服务器端发起通信，实现双向实时通信。

WebSocket 的工作流程是：浏览器通过 JavaScript 向服务器端发出建立 WebSocket 连接的请求，在 WebSocket 连接建立成功后，客户端和服务器端就可以通过 TCP 连接传输数据。

WebSocket 的服务器端选择用 Java 实现，可以运行在支持 WebScoket 的 Web 服务器中，这里采用 Tomcat 中的 WebScoket 实现。而客户端则是运行在浏览器中包含

JavaScript 调用的 HTML 网页。只有一些新的浏览器（如 Chrome 或者 FireFox）支持 WebScoket。

为了方便测试，可以在嵌入式 Tomcat 中开发 WebSocket 应用。为了使用嵌入式 Tomcat，首先在 build.gradle 中增加如下依赖项：

```
dependencies {
   compile 'org.apache.tomcat.embed:tomcat-embed-core:8.5.20'
}
```

然后在 Eclipse 中创建源代码目录 src/main/java。在 main()方法中启动嵌入式 Tomcat：

```
Tomcat tomcat = new Tomcat();
tomcat.setPort(8080);  //设置监听端口号

//设置服务器的基本目录
File r=new File("");
String basePath=r.getAbsolutePath() + "/src/main/resources/static";
tomcat.setBaseDir(basePath);

//启动服务器
tomcat.start();
//让当前线程等待服务器关闭
tomcat.getServer().await();
```

如下命令运行项目：

```
>gradlew bootRun
```

WebScoket 服务器端代码如下：

```
/**
 * WebSocket 服务器端点实现通过@ServerEndpoint 注解指定客户端访问的 URL 地址
 */
@ServerEndpoint("/Chat/{who}")
public class Chat {
   /**
    * 连接建立成功调用的方法
    * @param session  可选的参数。需要通过 session 给客户端发送数据
    */
   @OnOpen
   public void onMessage(@PathParam("who") String who, Session session) {
      push("欢迎与机器人对话", session);
   }

   /**
    * 收到客户端消息后调用这个方法
    * @param message 客户端发送过来的消息
    * @param session 可选的参数
    */
   @OnMessage
```

```
    public void onMessage(@PathParam("who") String who, String message,
          Session session) {
          String ans = "hi";
          push("机器人回答: " + ans, session);    //向客户端返回信息
    }

    /**
     * 发生错误时调用
     * @param session
     * @param error
     */
    @OnError
    public void onError(Session session,
             java.lang.Throwable throwable){
       System.out.println("client onError executed." +throwable);
    }

     /**
      * 关闭连接
      */
     @OnClose
     public void onClose() {
        String message = "has disconnection.";
        System.out.println(message);
     }

     /**
      * 发送消息给客户端
      */
    public void push(String message, Session session) {
       session.getAsyncRemote().sendText(message);
    }
}
```

网页客户端首先引入 reconnecting-websocket.js：

```
    <script language="JavaScript" type="text/javascript" src="reconnecting-
websocket.js"></script>
```

使用 WebSocket 实现和服务器端聊天的网页源代码如下。

```
    <body>
      <div id="logs"></div>          //用于显示对话历史记录
      <div>
    <input id="msg" type="text" placeholder="消息"
            onkeydown = "if (event.keyCode == 13) document.getElementById
('btnSearch').click()"   //处理回车符
                 />
       <button id="btnSearch" type="submit" value="talk" onClick="talk()">说话
</button>
      </div>
```

```
    <script>
      var iam = '我';
      var host = location.origin.replace(/^http/, 'ws');   //主机名
      var context = window.location.pathname.substring(0, window.location.
pathname.indexOf('/', 2));                              //路径
      var url = host + context + '/Chat/' + iam;       //服务器端的 WS 地址
      var ws = new ReconnectingWebSocket(url);         //和服务器端建立连接

      ws.onmessage = function (message) {              //处理服务器端返回的消息内容
        var tag = document.createElement('p');
        tag.appendChild(document.createTextNode(message.data));
        document.getElementById('logs').appendChild(tag);
      };

      function talk() {                                //向服务器端发送消息
        var msg = document.getElementById('msg').value;
        if (msg) {
            ws.send(msg);                              //通过 WebSocket 发送消息
            document.getElementById('msg').value = '';  //重置输入框中的消息内容
            var tag = document.createElement('p');
            tag.appendChild(document.createTextNode(iam +':'+msg));
            document.getElementById('logs').appendChild(tag);  //记录发送的消息历史
        }
      }
    </script>
  </body>
```

6.3 本章小结

本章首先介绍了集成医药临床信息和论文抓取的医药垂直搜索引擎。在搜索结果页还可以增加知识图谱的展示。

然后在电商搜索小节介绍了电商爬虫和搜索，以及网站在线客服的开发。如果需要搭建电商网站，可以参考 SimplCommerce(https://github.com/simplcommerce/SimplCommerce)，还可以开发手机客户端商品搜索，方便浏览商品描述信息，以及商品评价、相关推荐等。

参 考 文 献

[1] 罗刚，张子宪，崔智杰. Java 中文文本信息处理——从海量到精准[M].北京：清华大学出版社，2017.
[2] 罗刚. 解密搜索引擎技术实战——Lucene & Java 精华版[M]. 3 版. 北京：电子工业出版社，2016.
[3] 罗刚. 网络爬虫全解析——技术、原理与实践[M].北京：电子工业出版社，2017.
[4] 罗刚. 自己动手写网络爬虫(修订版) [M].北京：清华大学出版社，2016.
[5] 罗刚. 使用 C#开发搜索引擎 [M]. 2 版. 北京：清华大学出版社，2018.